LA RESPUESTA

Un libro para cambiar el corazón

LA RESPUESTA

Un libro para cambiar el corazón

Ann Marie Hassett

Springtime Publishing Company
Beaverton, Oregon

La Respuesta

Registrado ® 2014 por Springtime Publishing Company. Todos los derechos reservados.

Para información sobre este título o para ordenar otros libros y/o libros electrónicos, favor de contactar al editor:
Springtime Publishing
Beaverton, Oregon
www.springtimepublishing.com
springtime.publishing@comcast.net

ISBN: 978-0-9748275-3-7

Impreso en los Estados Unidos de América

Portada y Diseño Interior: Eileen Hassett

Al Señor del Cielo y la Tierra

Al espíritu:
Quien Guía

Al Hijo:
Quien Todo Renueva

¡Gracias!

Agradecimientos

Primeramente quiero agradecer de corazón a Dios, mi creador, quien me ayudó durante estos tiempos difíciles y a los santos en el Cielo quienes escucharon mi llamado e intercedieron por mí ante Dios. Gracias.

Quiero agradecer a mi esposo y mis hijos por ser tan abiertos y estar dispuestos a intentar cosas nuevas. En verdad creo que esta experiencia ha fortalecido a nuestra familia y las relaciones entre nosotros.

También quiero agradecer a Kate Wilson, una estudiante de la Universidad de Portland, a mi hija mayor y a mi esposo por su ayuda con la edición y organización de este libro. Finalmente, mis agradecimientos a Adriana Camacho Ibáñez por haberme ayudado a traducir este libro de inglés a español.

Tabla de Contenidos

Tabla de Contenidos

Aprende y cree que las maneras de Dios son verdaderas. Devora sus palabras de tal manera que se conviertan parte de ti. Sus maneras de amar deberán convertirse en tu único y verdadero camino. Entiende qué significa el decir que Cristo vino al mundo para que podamos tener vida; no la vida que el mundo nos da, sino la vida que Dios da; una vida con un objetivo diario y un propósito para ti.

Es importante recordar que sólo Dios da la respuesta a lo que hay que hacer y cómo vivir la vida adecuadamente. Todos podemos pedir a Dios las respuestas de lo que parecen ser problemas. Nuestros deseos egocéntricos virtualmente desaparecen cuando juzgamos y reflexionamos internamente si una decisión es impulsada por un deseo para nuestro propio placer o si es un deseo centrado en la voluntad de Dios. Rechaza cualquier gratificación egocéntrica y dile a Dios en tu interior "Tú decides si esto es una buena idea". Si es la voluntad de Dios, eventos, etc. se realizan fácilmente. Siempre habrá una respuesta para cualquier problema y necesidad si nos volvemos a Dios y le preguntamos de corazón, ¿Qué es lo que debo hacer, Dios?

Prefacio

Este libro fue escrito con el propósito de relatar la verdadera historia de como le pedimos a Dios que viniera a nuestra caótica familia y de como Él nos enseñó una nueva manera de vivir.

Dios, quien se preocupa profundamente por sus hijos, ha revelado La Respuesta, la cual trajo y continúa trayendo amor, paz y felicidad. Si creemos, confiamos y seguimos las instrucciones que Dios nos da, el amor se expande, la vida se hace más fácil, nuestro trato con las personas mejora y la felicidad se hace alcanzable.

Mi esperanza es que los cambios positivos relatados en este libro sean leídos por todos, especialmente por quienes son padres.

— Ann Marie Hassett
Junio 28, 2004

Bibliografía

La Nueva Biblia Latinoamericana de Hoy
http://www.biblegateway.com/versions/Nueva-Biblia-Latino
americana-de-Hoy-NBLH/

I
CON EL CORAZÓN ROTO

La vida era difícil. Yo tenía cuatro hijos y la bebé tenía dos meses de edad. Yo quería que la casa fuera perfecta-pero sólo tratar de mantener la alfombra limpia era un reto. Había demasiados juguetes. El montón de ropa sucia seguía creciendo. Acabábamos de mudarnos a una casa nueva. Los niños enlodaban toda la casa porque nuestro jardín no estaba terminado. El desayuno, la comida y la cena parecían convertirse en una carga continua. Tenía mucho trabajo que hacer.

Mis dos hijas mayores eran difíciles de controlar. Ninguna de ellas comía ni dormía cuando se las pedía. Yo me sentía enojada. Mi hija mayor era destructora y lastimaba a su hermano y a sus hermanas. La rutina consistía en llantos y peleas.

Mi esposo siempre estaba en el trabajo, en el garaje, o en el jardín. No había nadie con quien hablar. No había nadie que me ayudara. Siempre estaba sola.

Tenía miedo de dejar a mi hija mayor salir a jugar al jardín porque siempre se lastimaba. Después encontré montones de cabello debajo del sillón y debajo de su cama. Se había rascado y abierto una herida en la cabeza. El cabello había desaparecido por una pulgada de diámetro. ¡Yo tenía miedo! No sabía qué hacer. Estaba con el corazón roto.

2
AL PRINCIPIO YO ERA FELIZ

Al principio de nuestro matrimonio yo era feliz. Cuando empezamos a tener hijos, yo amaba enseñarle cosas nuevas a mi hija mayor y verla aprender. Era realmente emocionante. Ella estaba constantemente en mi mente. Yo la trataba como si fuera mucho mayor de lo que realmente era porque como estaba por arriba del 99 por ciento del promedio de estatura y peso, se veía del doble de edad incluso a los dos años. Ella aprendía rápida y constantemente e incluso esperábamos más de ella. Cada vez que ella cometía un error, la reprimíamos injustamente en vez de ser lógicos, amorosos y dulces. Nos olvidábamos de que ella era sólo una niña. Debido a que era yo quién más cuidaba de ella, la culpa era principalmente mía. Solía creer que los niños eran naturalmente maleducados. Les enseñábamos a ser buenos a través de castigos y enojos. Solía asumir que mi hija mayor sólo intentaba evadir consecuencias, sin pensar que el cuestionar e intentar cosas nuevas es la manera en que un niño aprende. De esta manera, yo le exigía a mi hija que actuara más sabiamente que de lo que era capaz a su edad.

Cuando mi segunda hija nació, mi hija mayor sintió perder mi atención. Y entonces empezó a actuar de maneras que a nosotros como padres no nos gustaban. La castigábamos seguido por sus acciones, lo cual la hacía enojar aún más y nos hacía tratarla negativamente.

Con cuatro personas en la familia, mi esposo desarrolló un hobby por la carpintería para ayudarnos a ahorrar en muebles para la casa. Este hobby lo mantuvo aún más ocupado, distanciándolo aún más de nuestra familia, convirtiendo a los niños en una pesada carga.

Después de cinco años, dos niñas y un niño, mi esposo y yo estábamos exhaustos. Nuestra vida en familia rápidamente perdía su brillo y se convertía en algo que no era nada divertido. Los niños tenían mucha energía y controlarlos era cada vez más difícil. La mayor se sentía celosa de su hermana menor y para nada se parecían a los ángeles que esperábamos tener como hijas. Me fijaba en sus errores y diligentemente trataba de corregirlas diciendo "no, no, no" a todo. Intentaba ser una madre firme e incambiable. Amenazaba a los niños fuertemente. Finalmente, terminaba enojada por mi falta de inacción. Era severa y bastante gritona. Intentaba mostrarles a mis hijos que era mi intención tratarlos así. Mi esposo solía pensar que era muy dura con ellos. Él les daba por su lado. Mi hija mayor tomaba ventaja de la disparidad de nuestros estilos diferentes. Ella solía insistir hasta que consiguiera lo que quería y si no, simplemente explotaba de ira. Eran tiempos difíciles, pero yo tenía la certeza de que estaba intentando ser buena madre.

Eran tiempos realmente difíciles.

Años atrás, incluso antes de casarme, durante mis años en la secundaria y la preparatoria, intentaba ser buena. Quería amar a Dios. Quería seguir los mandamientos. Quería ir al cielo. Deseaba lo mismo para los demás también. Había ciertos momentos claves en los que rezaba fervorosamente para que hubiera paz en mi familia, para que las personas se hablaran amablemente y que usaran el nombre de Dios respetuosamente. También estaba conciente de que yo era imperfecta.

En la universidad, rezaba y asistía a misa diariamente con un amigo. Mis oraciones continuaron incluso cuando empecé a trabajar. Pronto me enamoré de Dios.

Eventualmente empecé a salir con la persona que se convertiría en mi esposo. Hablábamos de Dios todo el tiempo e íbamos a misa todos los días. Soñaba con tener una familia que estuviera llena de amor por Dios.

Y ahora…

Aquí estaba, ya como madre, rodeada de problemas con mis hijos. Pensaba que podía hacer que mis hijos fueran buenos. Ellos creerían e irían al cielo. Yo cumplía los mandamientos lo mejor que podía y seguía las enseñanzas de la iglesia. Me sentía demasiado orgullosa de mi vida y comencé a preocuparme de que algunas personas en este mundo no lograrían encontrar a Dios.

Los días eran pesados. Mis hijos eran necios y desenfrenados. Ser madre no era fácil, pero sabía que podía seguir.

Mi preocupación por mí misma de pronto se convirtió en una preocupación por los demás. Esperaba que los demás creyeran y siguieran a Dios como yo lo intentaba, pero estaba demasiado ocupada para ayudar a otros. Solía preguntarme, "¿Cómo podría ayudar a otros ir al cielo?" Y surgió una idea. "Todo el mundo en esta vida toca a alguien más. Existe la creencia de que todos los círculos entre las personas del mundo están conectados. Dios ayudaría a todos si yo se lo pidiera. Decidí que iba a rezar por todas las personas a quien yo viera y que iba a pedirle a Dios que las ayudara. Esto crearía un efecto entre ellos también".

Las cosas eran difíciles para mí, pero sabía que podía lograr lo que me propuse. Decidí que podía rezar mientras manejaba.

La vida era difícil, pero sabía que podía ofrecer todos mis retos a Dios. Continuaría con la familia y seguiría rezando por los demás.

Nuestro cuarto hijo tenía sólo unos meses de edad. Nos habíamos mudado a una casa más grande con un jardín que aún no estaba terminado. El trabajo nunca acababa. Los niños no cesaban de pelear y romper cosas.

Los sentimientos de amor en la familia desaparecían rápidamente. Yo reflexionaba sobre la enseñanza bíblica de que los niños son una bendición y pensaba "No, no lo son". Me sentía culpable por pensar eso, pero no podía ignorar mis sentimientos. El reflexionar, necesitar a Dios y el sentimiento de culpa me llevaron a creer que la palabra de Dios es verdadera. Ni Dios ni mis hijos podían tener la culpa de lo que sucedía. Era yo quien había cometido el error. Desafortunadamente, no sabía cuál era el error.

Nuevamente confiando en la palabra de Dios, logré creer que la palabra de Dios es verdadera. Recé y pedí perdón por no creer en Él durante todo ese tiempo. Desde ese día nuestra vida cambió para siempre.

Poco tiempo después, un pensamiento simple llegó a mi mente **"Sólo haz lo que puedas hacer"**. Sentía que estas palabras me guiaban a una nueva dirección. Si veía papeles en el suelo, simplemente los levantaba y los tiraba a la basura. Guardaba los platos en la alacena cuando tenía tiempo de hacerlo. Los días eran un poco más fáciles y estaba menos estresada por las tareas del hogar. Los niños todavía eran desobedientes pero yo estaba más relajada. Completar cada tarea al instante ya no era una prioridad. El trabajo se haría tan pronto como hubiera oportunidad de hacerlo.

Cada mañana mientras lavaba ropa oía una voz en mi mente que decía **"Mira como Dios te ama. Mira las montañas. Mira los árboles"**. ¡Estaba impresionada ante estas palabras! En el curso de los siguientes días me dediqué a reflexionar en la dulzura de estos pensamientos. Esta frase me consoló y me hizo feliz. El trabajo continuó y los niños eran igual de difícil de controlar.

Dios podía remediar los problemas, especialmente las dificultades que mi hija mayor tenía. De pronto recordé la acción necesaria para cuando uno desea algo. La Biblia la llamaba oración.

> La verdadera viuda, que está completamente sola, ha puesto su esperanza en Dios y continúa en súplica y oración día y noche. (Timoteo 1 5:5)

> De nuevo, en verdad les digo que si dos de ustedes concuerdan en algo por lo cual rezar, se les será dado por mi Padre celestial. Ya que donde haya dos o más reunidos en mi nombre, allí estoy yo también. (Mateo 18:19–20).

Otro verso hablaba sobre el rezar en nombre de Jesús:

Y todo lo que pidan en Mi nombre, lo haré, para que el Padre sea glorificado en el Hijo. Si Me piden algo en Mi nombre, Yo lo haré. "Si ustedes Me aman, guardarán Mis mandamientos. Entonces Yo rogaré al Padre, y Él les dará otro Consolador (Intercesor) para que esté con ustedes para siempre; es decir, el Espíritu de verdad, a quien el mundo no puede recibir, porque ni Lo ve ni Lo conoce, pero ustedes sí Lo conocen porque mora con ustedes y estará en ustedes. (Juan 14:13–17)

Dos mil años más tarde, Dios honraría esta promesa de escucharme y responderme si yo confiaba y tenía completa fe en Él. Tendría a Dios en mi mente todo el día. La Biblia hablaba de rezar juntos en nombre de Jesús; sabía que mi esposo y yo necesitábamos rezar juntos para mejorar las cosas en casa. Sólo Dios resolvería nuestros problemas. Entonces le expliqué todos los problemas que yo estaba teniendo con los niños. Mi esposo no se había dado cuenta de estos problemas y por eso estaba en desacuerdo conmigo. Se sentía incómodo con rezar, especialmente en voz alta. Yo persistí, explicando los problemas y los versos en la Biblia. Esto significaba mucho para mí. Nuestra hija mayor necesitaba tanta ayuda que yo persistí hasta que mi esposo aceptó mi petición. Necesitábamos pedirle perdón a Dios por nuestros pecados y necesitábamos pedirle personalmente que ayudara a nuestra hija. Aún dudando, mi esposo aceptó rezar conmigo. Desde entonces hacemos oración a Jesús juntos cada noche.

Rezar junto con mi esposo fue el paso inicial correcto pero también recordé que la Biblia habla de hacer penitencia por los pecados. Recordé la historia de la gente de Nínive poniéndose ropas de paja y cenizas como penitencia.

Entonces los habitantes de Nínive creyeron en Dios, y proclamaron ayuno y se vistieron de cilicio desde el mayor hasta el menor de ellos. Cuando Dios vio sus acciones; que se habían

apartado de su mal camino, entonces Dios se arrepintió del
mal que había dicho que les haría, y no lo hizo. (Jonás 3:5,10)

Yo sabía que cenizas y ropas de paja no eran apropiadas en estos
tiempos, pero estaba decidida a encontrar una manera de hacer
penitencia por mis pecados. Ayunar no era una opción para mí ya
que necesitaba todas mis fuerzas. Pensando en cómo hacer penitencia por mis pecados[1], decidí que me bañaría con agua fría cada
noche hasta que Dios me oyera y ayudara a mi hija[2]. Por un largo
tiempo no comenté con mi esposo nada sobre esta pequeña penitencia diaria. Sabía que no me entendería. Lo que más importaba
era que Dios supiera y entendiera mi penitencia. Él me escucharía.

Cada noche, por un mes o dos, me bañaba con agua fría. Rogaba,
"¡Dios por favor cambia a mis hijos! ¡Cambia a mi hija mayor! ¡Tú
sanaste a los ciegos y a los sordos! ¡Tú puedes cambiar esta situación!" Rezaba y pedía perdón por todos los errores que había dicho
y hecho[3]. Pedía perdón a Dios por los errores que habíamos cometido como familia[4]. Yo acepté la culpa por completo[5]. Estaba des-
esperada. Puse toda mi confianza en Dios para ayudarme. Recé

[1] Mateo 6:16–18 "Y cuando ayunen, no pongan cara triste, como los hipócritas;
porque ellos desfiguran sus rostros para mostrar a los hombres que están ayu-
nando. En verdad les digo que ya han recibido su recompensa. Pero tú cuando
ayunes, unge tu cabeza y lava tu rostro, para no hacer ver a los hombres que
ayunas, sino a tu Padre que está en secreto. Y tu Padre, que ve en lo secreto, te
recompensará."

[2] Levítico 9:7 "Entonces Moisés dijo a Aarón: Acércate al altar y presenta tu ofrenda
por el pecado y tu holocausto, para que hagas expiación por ti mismo y por el
pueblo; luego presenta la ofrenda por el pueblo, para que puedas hacer expiación
por ellos, tal como el Señor ha ordenado."

[3] Nehemías 9:1,2 "El día veinticuatro de ese mes se congregaron los Israelitas en
ayuno, vestidos de cilicio y con polvo sobre sí. Y los descendientes de Israel se
separaron de todos los extranjeros, y se pusieron en pie, confesando sus pecados
y las iniquidades de sus padres."

[4] Deuteronomio 5:8–9 "No te harás ningún ídolo[a], ni semejanza alguna de lo que
está arriba en el cielo, ni abajo en la tierra, ni en las aguas debajo de la tierra. 9 No
los adorarás ni los servirás; porque Yo, el Señor tu Dios, soy Dios celoso, que castigo
la iniquidad de los padres sobre los hijos, y sobre la tercera y la cuarta generación
de los que Me aborrecen."

[5] Santiago 4:10 "Humíllense en la presencia del Señor y Él los exaltará."

mucho por mi hija mayor, pidiendo a Dios que me diera su dolor. Y así fue.

Durante el día me sentía animada, pero en las noches, la vida era diferente. Mientras me alistaba para irme a dormir una tremenda soledad me inundaba. Le pedía a mi esposo que me abrazara muy fuerte ya que me sentía muy sola. Era como si estuviera en el infierno.

Una vez me desperté a mitad de la noche para alimentar al bebé. Me sentí triste por los problemas que tenía con la mayor. Fui por la botella y alimenté al bebé. Recé y lloré con mi corazón hacia el cielo y diciendo, "A todos los santos allá arriba. ¡Díganle a Dios que no sé qué hacer! ¡No sé qué hacer!"

Cuando terminé de rezar, sentí que había terminado-como si lo hubiera dicho absolutamente todo. Volví a la cama y me sentí en paz. Unos días antes había parado de tomar duchas frías. Originalmente había pensado que terminaría mi penitencia cuando todo se resolviera. Sin embargo, paré porque sentí que no necesitaba hacer más penitencia. Me sentía satisfecha.

Sorpresa

Varios días después tuve una extraña experiencia cuando manejaba a casa después de dejar a mi segunda hija en el kínder. Flotando unos treinta pies sobre el camino había una línea de luz neón naranja muy extraña. No parecía estar atada a nada así que miré con más atención al irme acercando más. Intenté enfocar bien mis ojos para ver lo que era. La luz parecía emanar energía calórica por ambos extremos, pero no podía ver su final realmente. Me preguntaba, "¿Qué será eso?" Miré en mi retrovisor para ver si el hombre que manejaba una pickup detrás de mí miraba la luz. Parecía que él no notaba nada. Miré al frente de nuevo y la línea de luz comenzó a bajar hacia mí. Bajé la velocidad aunque sabía que no podía parar porque la pickup podría golpearme. La luz continuaba descendiendo y golpeó mi parabrisas con un fuerte ruido!

¡Estaba sorprendida! ¡Miré en mi retrovisor de nuevo, preguntándome si el hombre en la pickup había visto lo qui había ocurrido!

¡De nuevo parecía como si no hubiese visto nada! Estaba temblorosa, como si hubiera estado en un choque. Era peor que un choque porque no había señas de nada en el camino y el parabrisas se veía intacto. ¡Era muy extraño! Consideré dar vuelta para buscar evidencia de lo que me había golpeado. Estaba demasiado sorprendida. Seguí manejando. Estaba perpleja. Cuando llegué a casa le dije a mi esposo lo que había ocurrido. Él chequeó el auto sin encontrar algún daño y se fue de regreso al trabajo. Tomé a mi hijo de dos años y volví al trabajo. Este evento ocurrió justo antes de la siguiente sorpresa que recibí.

PRIMERO MÁS PROBLEMAS

¡Encontré grandes cantidades de cabello bajo el sillón y bajo la cama! ¡Era el cabello de mi hija mayor! ¡Se había jalado el cabello! Era tanto que ahora tenía una parte calva y una herida abierta en la cabeza. ¡Yo tenía miedo! Le dije que lo dejara en paz pero continuaba rascándose diariamente.

La llevé al doctor para un tratamiento. Él la examinó y estaba muy preocupado por lo que vio. No me dijo exactamente lo que pensaba pero después de una larga pausa me dijo que intentara algo. Sugirió que yo intentara usar refuerzos positivos lo más que pudiera para que la niña se dejara la herida en paz. Me dijo que le diera un premio por dejarse la herida en la cabeza y que gradualmente incrementara el número de días entre los premios. Esto pareció ayudar un poco pero aún había muchos problemas.

UNA SEGUNDA SORPRESA

Unos días después estaba tomando un baño cuando de repente recibí una segunda sorpresa. Una voz habló en mi corazón. Las palabras eran, **"¿Recibiste mi regalo?"** Pensé, "He escuchado el dicho que dice escuches tu corazón, pero nunca pensé que en verdad pudiera escuchar una voz tan clara". ¡Unos años antes de que esto ocurrió, había practicado intentar seguir a mi corazón y mi intuición pero esto era completamente nuevo y diferente! Repasando las palabras y la voz, me pregunté si la pregunta se refería a la idea del doctor de usar refuerzos positivos o a la luz que había golpeado mi carro. Ninguno de estos dos eventos parecían ser suficientes para arreglar los problemas. Continué pensando en estas palabras y me di cuenta de que esta pregunta necesitaba una respuesta. Sin embargo, mi mente no podía pensar en ninguna solución. Entonces, mi corazón la respondió por si mismo diciendo, **"Sí, pero no todo"**. ¡Estaba sorprendida de nuevo! Repasé esta conversación un par de veces con admiración. Después de unos segundos, la voz vino a mi corazón de nuevo y dijo, **"Hay más en camino"**. Cuestioné esto una y otra vez, "¿Hay más en camino? ¿Qué? ¿Hay más?" Repasé la conversación entera sin realmente entender su significado. Finalmente acepté que había más en camino. Pensé, "Okey, hay más en camino".

Los siguientes días fueron más callados, mucho más callados. Ayudaba a mis hijos en vez de corregirlos todo el tiempo. Mi atención no estaba en los problemas, probablemente porque aún estaba sorprendida, pensando y cuestionando. Apenas hablaba. Esta era una nueva manera de actuar que no había considerado antes. Mi mente seguía regresando a la pregunta de qué sería eso que venía en camino.

Después de pensar por unos días, la voz volvió a **hablarme** en una manera diferente diciendo, **"Haz lo que no harías"**[6, 7, 8, 9, 10, 11, 12.] Pensé en este mensaje y en lo que era que usualmente no haría.

---

[6] Romanos 12:20 "Pero si tu enemigo tiene hambre, dale de comer; y si tiene sed, dale de beber, porque por hacer esto, carbones encendidos amontonarás sobre su cabeza."

[7] Deuteronomio 10:18 "Él hace justicia al huérfano y a la viuda, y muestra Su amor al extranjero[a] dándole pan y vestido."

[8] Proverbios 3:5–6 "Confía en el Señor con todo tu corazón, Y no te apoyes en tu propio entendimiento. Reconócelo en todos tus caminos, Y Él enderezará tus sendas.

[9] Jeremías 29:11 "Porque Yo sé los planes que tengo[a] para ustedes," declara el Señor "planes de bienestar y no de calamidad, para darles un futuro y una esperanza."

[10] Lucas 17:33 "Todo el que procure preservar su vida (alma), la perderá; y todo el que la pierda, la conservará.

¿HACER LO QUE NO HARÍAS?

Qué oración tan perpleja. Intenté toda clase de cosas al principio. Intenté escoger qué ponerme sin pensar. Sólo miraba en el clóset y me ponía lo primero que mis ojos veían. Decoré mi casa y me di cuenta de que el diseño escocés y las rayas complementaban muy bien a las manchas. Nunca me había dado cuenta de la combinación que surgía de estos decorados. Prontamente evalué el valor que el decorar tenía en los problemas. No era la solución, pero era uno de los primeros pasos hacia la respuesta correcta. Tomar estos pasos era una buena idea, pero ansiaba entender lo que Dios quería que yo hiciera.

Chequeando Prioridades

Videos y la tele

Un día noté que mi hija actuaba como un animal que se comportaba como las personas en una famosa película de niños. Ella me gritaba desde las escaleras en una voz muy tosca. Siempre yo había intentado monitorear las cosas que mis hijos veían al igual que los videos que comprábamos. No permitía que los niños vieran programas o películas violentas pero sí comprábamos los videos "típicos" de niños. Nos quedamos con películas de caricaturas que no tuvieran muchos personajes violentos o envidiosos. Solía pensar que si el final tenía una buena moraleja, incluso una pequeña cantidad de "maldad" en la película era aceptable.

---

[11] Ruth 2:11–12 "Booz le respondió: "Todo lo que has hecho por tu suegra después de la muerte de tu esposo me ha sido informado en detalle, y cómo dejaste a tu padre, a tu madre y tu tierra natal, y viniste a un pueblo que antes no conocías. 12 Que el Señor recompense tu obra y que tu pago sea completo de parte del Señor, Dios de Israel, bajo cuyas alas has venido a refugiarte."

[12] Génesis 12:1, 4–5 "Y el Señor dijo a Abram: Vete de tu tierra, de entre tus parientes y de la casa de tu padre, a la tierra que Yo te mostraré. Entonces Abram se fue tal como el Señor le había dicho, y Lot se fue con él. Abram tenía setenta y cinco años cuando salió de Harán. Abram tomó a Sarai su mujer y a Lot su sobrino, y todas las posesiones que ellos habían acumulado y las personas[a] que habían adquirido en Harán, y salieron para ir a la tierra de Canaán; y a la tierra de Canaán llegaron.

El comportamiento de mi hija me hacía cuestionar esto. Busqué otros videos que tuvieran enojo y peleas. Los saqué de los cajones y los puse en el garaje, con la intención de deshacerme de ellos. Aún no podría deshacerme de ellos. Mi esposo no estaba de acuerdo. Le mencioné las similares acciones que había descubierto en las películas que veían los niños. Le dije, "Sólo voy a quitar los videos con enojo o maldad". Luego de pensar, mi esposo dijo estar en desacuerdo y mencionó, "Eso equivaldría a prácticamente todos los videos". Consideré su respuesta y dije, "De acuerdo. Lo que podemos hacer es editar las partes donde los personajes hagan o digan cosas malas. ¿Crees que podamos hacer eso?" A él no le gustaba mucho la idea. Aún así le pregunté, "¿Qué películas quieres en la casa primero?" Le di unas cuantas ideas diciendo, "Estos videos tienen pocas partes inapropiadas que podrían editarse. No debería tomar mucho tiempo". Él aceptó editarlas y luego empecé a hacerlo yo. Algunos de los videos tenían tanta violencia y enojo que no valía la pena editarlos. Simplemente nos deshicimos de ellos.

Desde entonces, pusimos mucha atención a todo lo que veíamos en la televisión.

Aunque algunos de nuestros hijos se oponían y cuestionaban nuestros motivos, les dijimos que traeríamos nuevas películas a casa para sustituirlas por las viejas. Los nuevos videos ayudaron a los niños a entender que lo que estábamos intentando a hacer era por su propio bien. Nuestra familia veía estas nuevas grabaciones seguido. El comportamiento de los niños mejoró a las pocas semanas de ver las películas editadas.

Meses después, las opiniones de la familia entera se vieron cristalizadas mientras veíamos una caricatura sobre el buen Samaritano. Este video mostraba como un viajero era golpeado por unos ladrones. Inmediatamente después de ver esto, mi hijo de dos años comenzó a golpear a mi esposo, justo como en el video. Sin necesidad de decirlo, ya no tenemos ese video en casa.

Con el paso del tiempo, mis hijos mayores han visto que la gente es fuertemente influída por lo que ve y por lo que escucha.

Ellos son quienes monitorean la televisión debido a su preocupación por ellos mismos. Se dieron cuenta de lo que la gente ve se va directo a sus mentes y a sus corazones. Debemos mantener un corazón y una mente pura[13].

¿QUÉ MÁS NO HARÍA YO?

Libros

También es muy importante para los niños aprender de los libros y yo sabía que los niños no sólo aprenden hechos pero también cualquier reacción o actitud reflejada en ellos.

Presté atención a los personajes en los libros.

Existían problemas entre los personajes de los libros. Muchos tenían pocos problemas en la historia. Opté por deshacerme de algunos, cambiar el lenguaje en otros y usar el mismo en otras historias pero con un cambio en el tono de voz.

¿QUÉ MÁS NO HARÍA YO?

Pertenencias

Una decisión mutua fue deshacernos de todas las cosas que no necesitábamos. La carga de trabajo disminuyó y la casa se sentía mejor. Estaba lista para hacer cualquier cosa.

¿QUÉ MÁS NO HARÍA YO?

Notar e Intentar un Cambio

Durante esta etapa de cuestionamientos, intentaba mirar todo de una nueva manera. Cada día algo me impresionaba profundamente. Observaba las acciones amables, amorosas y dulces que

---

[13] Efesios 5:10–13 "Examinen qué es lo que agrada al Señor, 11 y no participen en las obras estériles de las tinieblas, sino más bien, desenmascárenlas (repróchenlas). 12 Porque es vergonzoso aún hablar de las cosas que ellos hacen en secreto. 13 Pero todas las cosas se hacen visibles cuando son expuestas[a] por la luz, pues todo lo que se hace visible es luz[b]."

otros hacían. Revisando mis acciones mentalmente, estaba decidida
a mostrarlas en cuanto tuviera oportunidad. Consideré estas
acciones como si nunca las hubiera visto u oído. Aplicaba una
diferente cada día[14].

En el curso de muchos días, noté:
- Padres que comentaban sobre las manos o los ojos de sus hijos
- Padres que se agachaban para ver a sus hijos a los ojos y hablarles
- Qué tan cuidadosos algunas personas eran cuando levantaban o ponían a sus hijos en el suelo
- Gente diciendo cosas dulces a sus bebés
- Palabras amables
- Sonrisas que expresan amor
- Algún padre sosteniendo las dos manos de su hijo(a) y hablándole suavemente para tener su completa atención
- Un beso en la frente
- Acariciar el cabello de un niño(a)
- Palmadas en la espalda
- Gente que hablaba honestamente y que realmente quisieran ayudar cuando alguien tenía un problema
- Palabras de aliento
- Chocar manos
- Muestras de dulzura en la voz de uno

Después de unas pocas semanas aquella voz me dijo, **"No sabes
cómo amar verdaderamente"**. Sorprendentemente, tal vez, me
sentí agradecida al escuchar eso. Por lo menos sabía cuál era mi
problema ahora, cierto. Más tarde esa noche le dije felizmente a
mi esposo lo que la voz me había dicho. Él escuchaba y escribía en
la computadora. Mientras hablaba, la voz repentinamente me dijo,
"Aún tienes mucho que aprender". Estaba sorprendida y *agradecida*
al oír eso también.

---

[14] Romanos 13:14 "Antes bien, vístanse del Señor Jesucristo, y no piensen en proveer
para las lujurias de la carne."

Después la voz dijo, **"Tienes ojos y no ves, tienes oídos y no oyes"**. Esto me tomó por sorpresa porque en verdad amaba a Dios y me importaban los demás. Había pasado muchas dificultades toda mi vida tratando de seguir todos los mandamientos. ¿Cómo podía ser verdad lo que oía? No entendía, pero agradecidamente acepté las palabras.

Continué notando más cosas. Vi:

- Padres hablando orgullosamente de los pequeños logros de sus hijos
- Padres que fervorosamente apreciaban el arte que sus hijos hacían
- Padres que metían a sus hijos en clases de ballet, arte, cocina, etc.
- Padres que permitían que sus hijos experimentaran y cometieran errores
- Paciencia
- Padres que hacían cosas por sus hijos
- Padres que sostenían la mano de sus hijos mientras caminaban
- Padres que confiaban su hijo menor a su hijo mayor
- Una mujer que cuidadosa y calladamente ponía su vaso sobre la mesa
- Un libro que preguntaba a los niños sobre sus intereses
- Gente que leía a sus hijos mayores
- Gente amable
- Gente valiente
- Gente que disfrutaba de las matemáticas y le gustaba la escuela
- Gente que aceptaba a los demás
- Gente dispuesta a ayudar
- Padres tomando fotos de sus bebés siendo felices e intentando cosas nuevas
- Gente abrazando a sus hijos por ser maravillosos y jugar armoniosamente
- Una persona que dice "gracias" frecuente, dulce y prontamente

- Alguien que dice "gracias" cuando algo se hace correctamente
- Alguien viendo dulcemente a su hijo(a) a los ojos al hablar con el/ella.
- Adolescentes tan interesados en su novio(a) que piensan que todo lo que hacen es maravilloso
- Gente trabajando y desarrollando planes en conjunto con un mismo objetivo en mente
- Un personaje infantil en un libro siendo menos mandón. Incluso noté las diferentes reacciones de los otros personajes
- Una persona recibiendo un masaje de espalda
- Gente con prisa siendo paciente en la línea de una tienda
- Padres siendo amables con sus hijos, incluso si uno lastimó al otro
- Gente que perdona como si el problema nunca hubiera sido un problema
- Gente que habla de las calidades de sus hijos
- Una persona con lógica

Durante un buen tiempo me sentí atraída a notar ciertas acciones amables. Esperaba administrar una acción particular a mi hija mayor. Abrazaba a mi bebé, le sonreía. Pensé, "Okey, intentaré esto con la mayor también".

Estaba muy atareada con las cosas del hogar y había muy pocas acciones que mi hija mayor hacía que me agradaban. Pacientemente esperé el momento indicado para actuar o hablar dulcemente con ella. Sabía que el momento vendría; creía en que vendría. Era como tener un mandado que hacer, como doblar la ropa. Una persona tiene el mandado en su mente y tiene que creer y enfocarse en encontrar el momento de hacerlo. Creía que Dios me daría la oportunidad de hacerlo. Fui paciente y busqué el momento. La paciencia y espera sincera me ayudaron a ver llegar el momento.

Esperaba ver algo fácil de hacer cada día. Mi atención parecía moverse hacia lo que Dios quería que notara en los demás. Imitaría el bien que había visto en otros durante los meses pasados. Ocasionalmente, los días eran más fáciles. Durante los días fáciles, las ideas simplemente venían a mí. Pero también había días de búsqueda y soledad. Parecía como si yo estuviera sola en la vida. "¿Había hecho algo mal?" Rezaba cuestionando profundamente a Dios, "¿Qué hice para hacer que te vayas? ¿A dónde te fuiste? Perdón. Por favor, continúa ayudándome. No sé qué hacer". No recibí respuesta alguna. Así que volví a hacer las cosas que había visto y hecho antes. Recordé e hice muchas de esas acciones. Esta vez noté las respuestas de mis hijos.

Los Niños Aprenden del Tacto

Dureza

Mi hija era dura con otros niños.

La Gentileza Demuestra Amor

Una mañana me desperté con la idea de "tocarla muy suavemente". Sentada en las escaleras, puse mi mano en su hombro muy suavemente mientras esperábamos su car pool a la escuela. Hice esto por unas tres o cuatro semanas.

La Gentileza Enseña Amor

Una mañana estaba ayudando a los otros niños cuando de repente mi hija mayor vino y me tocó en el hombro muy suavemente. Me sorprendió porque reconocí mi propia acción en la suya. Entonces me di cuenta, "¡El tacto se aprende!"

Rezar Por Otros

Me sentía mal por otras personas que también tenían dificultades con sus hijos. Yo sabía que tenía muchos problemas, pero aún así pensaba en otros. No quería que ellos pasaran por las difíciles experiencias que yo había vivido. Mis hijos habían mejorado un poco y ya no me sentía tan molesta o enojada. Dios no había hablado o estado cerca por un buen tiempo (tal vez unos meses). Le preguntaba por qué no me había ayudado-por qué estaba tan lejos. Entonces mi modo de orar cambió.

Rezaba a Dios por otros. Le decía, "No es justo, mucha gente no sabe lo que hace". Le pedía, "Por favor, tienes que mandar a alguien". Todo estaba muy quieto. En la voz más baja y suave oí, "Okey. Tú". Estas palabras me impresionaron y me asustaron. Pensé, "No sé nada". Después de eso no podía negar lo que había oído. Simplemente recordaba…

Aún quería que Dios me ayudara. Quería que me hablara y que me dijera que Él estaba bien conmigo. No recibí esa respuesta. Me dijo, "Te hablaré de nuevo algún día". Esta respuesta no era la que yo esperaba, sin embargo concluí que Él no estaba enojado y eso era más que suficiente para hacerme feliz.

¿QUÉ NO HARÍA YO AHORA?

…una respuesta?

Una tarde, una de mis hijas más chicas quería a alguien con quien jugar. Ninguno de los otros niños quería jugar con ella. Mi pensamiento fue, "¿Qué no haría ahora?" Normalmente cocinar era una prioridad. Esta vez apagué la estufa, puse el sartén a un lado y jugué con ella. Los otros niños también querían jugar. Sabía que estaban copiándome y pensé "Puedo enseñarles mejores y diferentes acciones".

Mi buena acción reveló la verdadera razón por la cual debía ayudar. Si en verdad me importaba, tendría que tomar pasos para hacer una diferencia. El verdadero amor actúa. Había estado enseñándoles a mis hijos inacción y egoísmo.

¡Los niños actuaban en tantas maneras indeseables por mi culpa! Al saber esto no me sentí nada bien. Me sentí cargada de CULPA.

¿Cómo podría deshacerme de esta culpa?

El único consuelo era saber que los niños habían seguido mi ejemplo de jugar con la hermana más chica. Me preguntaba de corazón, "¿Podría esto arreglarse?" Amaba a los niños. Mi confianza en Dios es lo que me mantendría libre de miedos y preocupaciones diariamente. La decisión fue buscar la manera de salir de esta situación.

Tenía esperanza. Sabía lo que quería más que nada en el mundo: amor en nuestro hogar.

Durante meses busqué profundamente en mis acciones y motivos. Esto era difícil. Me destrozaba ver reacciones negativas en mis hijos. Odiaba esas acciones. Quería creer que estaba bien en molestarme, en juzgar a alguien al enojarme, o renunciar. Creía en estas acciones. Alguien tenía que detener a los niños. Yo quería alejarme. No sabía como responder.

Después de pensar un poco más recordé la frase, "La gente actúa de acuerdo a su Dios". Sabía que Dios era grande y poderoso, lleno de amor, abundante en bondad, lento para enojarse, lleno de gracia, compasivo, fácil para perdonar y olvidar nuestros pecados. Comparé mi acciones con las formas de responder de Dios. Mis acciones y actitudes no se comparaban a ninguno de estos buenos atributos.

Deseaba actuar en la manera en la que Dios actuaba porque yo amaba a mis hijos. La destrucción que había visto me mostró el camino que había estado siguiendo. En el pasado había actuado moralmente porque quería irme al cielo. Ahora, decidí que necesitaba cambiar eso. Actuaría moralmente porque esa era la voluntad de Dios y no para obtener algo a cambio. Eso era lo que Dios quería de mí. Intenté ser más como Jesús y aprender de su bondad y su amor. Dios tendría que mostrarme cómo. Al preguntarle algo a Dios había aprendido a esperar una respuesta, incluso si no era la que yo estaba esperando. Cuando le pedía a Dios cosas, seguido me encontraba diciendo mi oración así, "Dios, por favor ayúdame a encontrar la manera de [___] si es tu voluntad". Sabía que Dios, nuestro Padre, me ayudaría a darme lo que necesitaba.

Lucas 11:13 "Pues si ustedes siendo malos, saben dar buenas dádivas a sus hijos, ¿cuánto más su Padre celestial dará el Espíritu Santo a los que se Lo pidan?"

INTENTANDO ACTUAR COMO JESÚS

Intentaba hablar calmadamente a mi bebé siempre. Si ella quería algo que no era bueno para ella, yo decía "no" muy calmadamente tantas veces que fuera necesario. Una vez, después de meterla a la cama le dije, '"Es hora de ir a dormir". Ella calmadamente me dijo "no" varias veces mientras que yo respondía "no", también muy dulcemente. Sonreí dándome cuenta de esto y me fui diciendo amablemente "A dormir". Recuerdo cómo me sentí y le comenté a mi esposo como nuestra hija había imitado mi actitud en su hablar.

Otro día, vi una avispa y rápidamente tomé a mi hijo y me alejé corriendo. Después, mi hijo mostró también un miedo extremo por las avispas. Unos días después vi como una mujer calmadamente movió su mano para alejar a la avispa de su comida, sin decir o hacer nada que mostrara emoción extrema. Entonces decidí que de ahora en adelante me mantendría calmada y sin reaccionar cuando hubiera avispas alrededor. Mi demostración de serenidad ayudó a los niños a sentirse más tranquilos alrededor de abejas y avispas.

3
AMOR Y ACCIÓN

El amor me ayudó a entender los sentimientos de mi hija. Con este entendimiento y compasión yo respondí con pasar más tiempo con ella, lo cual incrementó su autoestima.

Su Corazón

Como mi primera, y por un tiempo, única hija, la mayor demandaba todo mi tiempo. Ella siempre pedía que se le hablara y deseaba aprender. De hecho, ella siempre tenía sed de nueva información.

Nuestra creciente familia nos permitía poco tiempo individual. La manera en que la mayor decidió ganar la atención perdida fue por medio de comportamientos inapropiados. Yo alcanzaba a ver que esto era ilógico, pero ella era demasiado joven para entenderlo.

APRENDIENDO PASO A PASO

Yo amaba a mi hija mayor y aún deseaba enseñarle cosas y pasar tiempo con ella. Decidí darle tiempo individual, aunque fueran sólo unos minutos al día para ponerle atención a ella y nadie más.

Ella tenía seis años cuando iba en primer grado y estaba fuera de casa durante casi todo el día. Antes de ir a la escuela me tomaba unos pocos minutos para enseñarle algo nuevo.

Una mañana le enseñé cómo jugar matatena. Luego jugamos una corta partida en la tarde. Probamos otros juegos y actividades (juegos con ligas, canicas, canciones, bordados, etc.). También le hice preguntas sobre sus cosas favoritas lo cual incrementó la familiaridad y diversión entre nosotras. En el curso de unos meses, mi hija aprendió tantas cosas como se me había ocurrido enseñarle. Los nuevos conocimientos, los refuerzos positivos, junto con la creciente interacción entre las dos dio pie a una niña más feliz y con mayor autoestima. Poco a poco dejó atrás el comportamiento autodestructivo. Noté que otros padres seguido inscribían a sus hijos en danza, gimnasia, o clases de arte en el centro de recreación. Yo sabía poco sobre estas actividades pero decidí dejarla intentar algunas. Ella disfrutaba de las clases. Estas actividades parecieron ser la estimulación que ella necesitaba. Las clases abrieron su mente a cosas nuevas e incrementaron su interés en nuevas áreas. Ella parecía interesarse por todas las cosas en que participaba. Sin embargo, aún teníamos problemas con ciertas partes de su actitud. En respuesta a esto, busqué encontrar las áreas en donde aún nos faltaba más interacción. La interacción paternal que aún faltaba por incrementar era con su padre. De pronto, una idea cruzó por mi mente. Inscribiría a los dos en las mismas actividades. Le pregunté a mi esposo si podría inscribirlos a los dos en algunas clases como un taller de madera y astronomía. Él aceptó alegremente ya que disfrutaba de ambas actividades. Las clases les ayudaron a los dos a conocerse más y asegurar tiempo durante el cual ella tendría la atención individual de mi esposo.

Tres Cosas Que Aprendí
1. Mi hija adquirió mayor autoestima al aprender cosas nuevas.
2. Las clases abrieron puertas a nuevos intereses.
3. El tiempo de calidad que nuestra hija mayor pasó con su padre ayudó a establecer un lazo entre ellos. La relación con mi esposo era probablemente lo que más necesitaba mi hija.

Aún había tiempos difíciles pero la carga se redujo. Mi atención estaba cambiando de mirar y odiar los problemas, a ver la situación desde mi corazón y pedirle a Dios que me diera el momento en el cual yo pudiera actuar de una mejor manera.

Buscando mis fallas de forma activa

Mis hijos eran ruidosos e hiperactivos. Azotaban puertas en vez de cerrarlas calladamente. Se movían tan rápido que los veía tirarse unos a otros. Se arrebataban las cosas en vez de pedirlas amablemente. La principal razón por la que se comportaban así era obvia entonces. Los niños simplemente amplificaban la velocidad a la cual yo me movía.

- Yo me movía muy rápido
- Levantaba y bajaba cosas demasiado deprisa (y sin gentileza)
- Dejaba que las puertas se azotaran cuando las cerraba
- Arrebataba cosas de mis hijos sin pedírselas
- No tocaba a mis hijos suavemente

Me había estado enfocando singularmente en lo que necesitaba hacer sin prestar atención a las personas a mi alrededor. De pronto me acordé de una conversación que oí cuando era niña. Recuerdo haber escuchado que uno debe rezar para encontrar sus fallas. También recordé un viejo libro que había leído que me había animado a rezar para encontrar mis fallas. El libro decía "Donde tienes problemas con los demás, ahí lograrás encontrar tus fallas".

Mis nuevas acciones

- Necesitaba mantener la presencia de Dios constantemente, incluso en mis hijos.
- Dejé de intentar atrapar a mis hijos para hacer que dejaran de correr en la casa.
- Comencé a caminar más lento y traté de hablar más despacio.
- Me hice más lenta para recoger cosas del suelo o la mesa
- Intenté poner mi vaso en la mesa lentamente y sin hacer ruido
- Cerré las puertas más despacio

- Pedía objetos a mis hijos amablemente y después extendía mi palma para indicarles que lo quería en la mano.
- Una vez vi a alguien señalar y tocar el suelo para que su pequeño se sentara. Aprendí que los niños pequeños responden bien a los señalamientos.
- Intenté ser muy cuidadosa y lenta cuando vestía a mis hijos. Jalaba sus playeras de sus cabezas muy cuidadosa y gentilmente.
- Bajaba muy lentamente las escaleras en vez de correr.
- Me esforcé para darles más espacio a mis hijos al caminar para que no chocara con ellos.

RESULTADOS

- Mis hijos más grandes se hicieron más cuidadosos y menos hiperactivos.
- Mi hija más chica manejaba los objetos muy cuidadosamente. Cuando visitábamos a mi madre, una tía notó que nuestra hija bebé estaba en la sala levantando un adorno muy cuidadosa y lentamente para volverlo a acomodar. Asombrada, me dijo cuan sorprendida estaba de que una niña tan chica fuera tan cuidadosa. Yo sabía que mi hija estaba copiando mis acciones.
- Nuestra hija menor también mostraba gentileza y paciencia con sus primos más chicos. Al pedir un juguete, ella levantaba su palma hacia ellos esperando que lo pusieran en su mano. Al no reconocer el gesto, su primo la ignoró y caminó en la dirección opuesta. Nuestra hija de dos años continuó siguiendo a su primo, señalando a la palma de su mano. Ella se veía perpleja al ver que sus acciones no funcionaban.

Cuando los niños seguían mis nuevos ejemplos yo los felicitaba. Cuando volvían a los viejos modos le pedía amablemente que practicaran hacerlo de la manera correcta. Si lo hacían correctamente les sonreía o felicitaba. Si la acción necesitaba un poco más de esfuerzo les pedía que la practicaran de nuevo, posiblemente cinco veces. Ultimadamente los felicitaba cuando sus acciones eran tan buenas como se podía esperar.

¿Qué más no haría yo?

EXAMINANDO MI CONCIENCIA PROFUNDAMENTE

Sentía resentimiento hacia las dos hijas mayores. Simplemente no me escuchaban. Les decía que tenían que escuchar pero la fuerza usualmente terminaba siendo más eficaz que mis palabras. Estaban acostumbradas a que las forzara a hacer las cosas que yo les pedía.

Sabía que la obediencia tenía que ser más que algo externo.

Primero: Debe de haber conocimiento de reglas y expectativas.[15]

Segundo: Debe de haber consecuencias por no seguir las indicaciones.

Tercero: Debe de haber perdón si la persona está arrepentida y decidida a obedecer.

*　　*　　*

Dios es nuestro Padre, así que yo debía comportarme como Él lo haría para poder ser justa.

Primero: Tendría que ser constante. Las expectativas debían ser claras y conocidas por todos. Así mismo, las consecuencias debían ser acciones lógicas y accesibles.

Segundo: Mis acciones necesitaban ajustes. Las acciones eran resultado de creencias pasadas. Debía dejar ir las creencias erróneas para poder cambiar mis acciones.

---

[15] Miqueas 6:8–9 "Él te ha declarado, oh hombre, lo que es bueno. ¿Y qué es lo que demanda el Señor de ti, sino sólo practicar la justicia (el derecho), amar la misericordia (lealtad), y andar humildemente con tu Dios? La voz del Señor clamará a la ciudad (prudente es temer Tu nombre): Escucha, oh tribu, ¿quién ha señalado su tiempo?"

La pregunta ahora consistía en cómo pensar y actuar. ¿Qué acciones llevarían a resultados constantes (como el que los niños quisieran amarme, obedecerme y complacerme)?

Tercero: Sabía que tenía que reaccionar como si amara a cada persona con la que estuviera en contacto. Esta es la forma en que Dios nos llama de nuevo a Él constantemente.

Previas nociones sobre mis hijos tenían que ser descartadas. Consecuentemente, aprendería a mirar cada acción de forma individual y cuidadosamente cambiar mi reacción de tal manera que complaciera a Dios.

Las siguientes tablas son un resumen de mis creencias y las acciones resultantes antes y después de esta evaluación.

Antes	Después
Creencia: Forzaré a mis hijos a ser buenos y ellos sabrán que los amo. Les diré que estoy en lo correcto.	**Creencia:** Amaré a mis hijos y ellos serán felices. Ellos querrán estar cerca de mí y amarme.
Acción: Haré que mis hijos hablen educadamente y compartan.	**Acción:** Les haré saber el bien que hacen. Les hablaré educada y dulcemente. Compartiré con ellos.
Creencia: Los niños son básicamente envidiosos, poco considerados y/o flojos.	**Creencia:** El amor de Dios es tan maravilloso que los niños querrán tenerlo si lo experimentan.
Acción: Buscaré sus faltas. Les haré saber que están malos. Los castigaré por sus malas acciones.	**Acción:** Les enseñaré qué tan bueno es el amor de Dios. Seré paciente, amorosa, amable, dulce, feliz, considerada, llena de paz, etc.

Antes	Después
Creencia: Sé cómo hacer esto. Estoy bien. Haré lo que funciona siempre conmigo misma.	**Creencia:** No siempre sé cómo responder a cada circunstancia. Tengo líneas que puedo intentar seguir. Mantendré mi mente abierta a nuevas maneras de hablar. En todo lo que haga, creeré que si actúo con un corazón considerado Dios obrará a través de mí y todo saldrá bien. Puedo ser una nueva persona ahora. Intentaré actuar como Dios y como hija suya. Él me mostrará lo que tengo que hacer.
Acción: Niños, yo estoy bien. Dios dice que ustedes deben ser _____.	**Acción:** Pondré el amor como la luz a seguir y usar. Las acciones simples de Dios funcionarán.

Antes	Después
Creencia: Cuando algo salía mal, asumía que alguno de mis hijos estaba haciendo algo mal. El niño(a) estaba siendo egoísta o malo(a) a propósito.	**Creencia:** Las acciones de los niños son realmente mi opinión sobre ellos. Mis hijos son buenos. Necesitan que yo les enseñe un nuevo comportamiento. Me olvidaré de prejuicios y me enfocaré en ser buen ejemplo.
Acción: Solía juzgar a mis hijos. Diría que lo que pensaba de ellos era lo que eran (por ejemplo, egoístas). También me enojaba y les arrebataba las cosas agresivamente.	**Acción:** Después de una acción egoísta, pondré el ejemplo de cómo dar. Les daré las cosas yo misma cuando las pidan amablemente. Si olvidan pedirlo de buena forma, les diré que así lo hagan. Haré esto tantas veces sea necesario. Cuando pidan las cosas bien les diré "¿acaso no te hace sentir bien eso?" o "eso estuvo muy bien dicho". Los nuevos modos reemplazaron los viejos modos en mi mente y la de ellos.

Antes	Después
Creencia: La fe en mis propias necesidades e intereses me harán feliz. Soy capaz de forzar la felicidad. Mis intereses son primero que los de mis hijos.	**Creencia:** La fe en el amor me permitió poner a mis hijos antes de mí. Aprendí que la felicidad proviene de seguir a Dios.
Acción: Había veces en que no quería ser amorosa o generosa a causa de la fatiga, estrés o el trabajo.	**Acción:** Me olvido de mis propios problemas. Haré lo que se me venga a la mente para ayudar. Algo tan simple como darles una palmada o caricia o darles un juguete a mis hijos.
Creencia: Los niños hacían que llegara tarde a citas importantes. Los culpaba constantemente.	**Creencia:** Está bien tomarse el tiempo para ser amable aún cuando no parezca que no hay tiempo que perder. Dios hará que todo salga bien si yo intento dar mi mejor esfuerzo.
Acción: Solía estresarme e impacientarme cuando andaba corta de tiempo.	**Acción:** Discutiré con lógica (y sin enojo) la falta de tiempo con mis hijos. Les diré que me pregunten después si al momento no hay tiempo para hablar o responder preguntas.

Antes	Después
Creencia: Podría ser una buena madre y Cristiana al hacer cambiar a mis hijos. Reacciones negativas harían que mis hijos se sintieran lo suficientemente mal, asustados, culpables o avergonzados como para cambiar.	**Creencia:** Amo a mis hijos. Me he dado cuenta de lo poco que saben. Confiaré en que aman a Dios, quien es bondadoso. Se comportarán mejor en el futuro.
Acción: Al usar la fuerza, enojo, palabras lastimosas, culpabilidades y gritos veré resultados.	**Acción:** Buscaré amar a mis hijos todo el tiempo. Los corregiré con mi corazón. Seré imparcial cuando esté en desacuerdo con ellos o cuando no se lleven bien. Seré lógica. Escucharé y apreciaré sus sentimientos y pensamientos. Enseñaré que ambos individuos son responsables en llevarse bien (cuando haya conflictos entre dos de mis hijos). Les pediré que jueguen juntos, en estos casos, por cierto tiempo. Serán felicitados por su buen comportamiento. Compartiré y daré lo que normalmente no compartiría o daría.

Hay dos cosas: ambiciones y necesidades. Dios provee necesidades cuando uno pone su confianza en Él. Las ambiciones son vanidosas y no tienen valor para la salvación. Las ambiciones nos guían lejos de Dios. Ver Eclesiásticos 6: Queremos lo que es vano si esto es para nuestro cuerpo. Los objetivos vanos son cosas que la gente cree que necesita para producir felicidad en la forma de riqueza, fama, atención, posesiones u honor.

Sólo Dios puede llenar nuestras verdaderas necesidades. Hay que tener esperanza en Él ya que Dios es quien cuida completamente de todos nosotros y quien quiere bendecirnos con cosas buenas. Sus caminos llevan a la felicidad. Él es omnipotente. Él conoce todas nuestras necesidades. Él sabe cuando podemos usar nuestros dones y nos los da de acuerdo a sus planes. Él sabe si usaremos nuestros dones con una perspectiva pura en mente. (Debemos darnos cuenta de que Dios es Dios y de que nosotros no sabemos lo que es lo mejor para nosotros, ver Job 38 y 39).

> Jeremías 12:11–14: Fue hecha una desolación, desolada, llora sobre Mí; todo el país ha sido desolado, porque no hubo nadie que le importara. Sobre todas las alturas desoladas del desierto han venido destructores, porque la espada del Señor devora de un extremo de la tierra al otro[a]; no hay paz para nadie[b]. Han sembrado trigo y han segado espinos, se han esforzado sin provecho alguno. Avergüéncense, pues, de sus cosechas a causa de la ardiente ira del Señor." Así dice el Señor en cuanto a todos mis malvados vecinos que atacan la heredad que he dado en posesión a mi pueblo Israel: "Los arrancaré de su tierra, y a la casa de Judá la arrancaré de en medio de ellos.

Los objetivos que son verdaderamente buenos alimentan y satisfacen el alma con la bondad, los caminos y la voluntad de Dios. Si una persona se enfoca en el amor y busca a Dios, Él la ayudará si se lo pide. Es importante darnos cuenta de que Dios seguido nos ayuda, no cuando pensamos necesitarlo, sino a su propio tiempo, el cual es exactamente en el tiempo apropiado. Este enfoque ayuda a los padres a entregarse a sí mismos y a siempre impartir amor.

CAMBIAR LA ACTITUD

Durante las tareas diarias, es importante ver todas nuestras acciones con una mente y un corazón abierto. Dios mostrará a sus hijos lo que necesitan hacer si están dispuestos a cambiar. Una vez que una persona encuentra los cambios que se necesitan hacer, él o ella debe enfocarse en el momento perfecto para actuar con una mejor actitud. Dios siempre nos da la oportunidad de actuar correcta y amorosamente.

* * *

En mi experiencia, mis hijos necesitaban que les enseñara cómo usar la lógica, ser pacientes y amar a otros. La paz de Dios exhibe estas características. Yo pude ver el bien que provenía de cambiar mis acciones. Mis hijos me respondieron con amor. Lo más increíble del amor y la bondad es que es aprendido y esparcido muy fácilmente de persona a persona. Lo único que se necesita es la decisión consciente de una persona de ser más amoroso (como Dios) para poder invocar el cambio en otros.

Es especialmente importante amar a los niños y actuar como si ellos fueran buenas criaturas por naturaleza. Debido a que los niños no tienen un entendimiento adecuado del mundo que los rodea, los errores y accidentes son inevitables y es muy fácil que perdamos la paciencia por cosas pequeñas. Solía susurrar suavemente a mis hijos cuando no me escuchaban y les hablaba calmadamente cuando tenía que repetirles las cosas. Si eso no funcionaba, seguido actuaba como si fuera otra persona, con distintos acentos o cantando. Eso, sorprendentemente, atraía su atención y me permitía mantenerme calmada durante el proceso. Cada una de las respuestas que atraía la atención de mis hijos incluía amabilidad y amor. Era importante para mí recordar que la lógica siempre es la mejor opción; me convertí en una nueva persona. Tener paciencia fue la clave para lidiar con accidentes, derrames, preguntas repetitivas y funcionó tan bien como el tener buen humor. Durante preguntas repetitivas, le preguntaba a mi hijo(a) la misma pregunta. Los niños aprendieron a contestar sus propias preguntas, a través de la lógica. Amor, amabilidad y lógica fueron algunas de las primeras técnicas que apliqué en el proceso de convertirme en una nueva persona para mi familia.

4

MÁS PARA APRENDER Y CAMBIAR

Los niños aprenden a interesarse

Observé que mi hija mayor no se interesaba en su hermana más chica. Estaba muy ocupada y actuaba como si no quisiera estar con ninguno de nosotros. Entonces supe que necesitaba darme tiempo para querer y estar con mi hija mayor.

Después de meterla en la cama, solía hablarle justo como le hablaba a mi bebé. En una suave y dulce voz le decía cosas lindas. Si había abrazado o tocado a mi bebé de una cierta manera, intentaba recordarlo con mi hija mayor. Decidí darle más tiempo y amor a mi hija mayor al arrullarla (ella iba en primer grado en ese entonces, pero era tan alta como una niña de tercer o cuarto grado).

Eventualmente, ella aceptó este gesto y dejó de intentar escaparse de mis brazos.

EL INTERÉS ENSEÑA AMOR

Mi hija solía mirarme cuando yo le hablaba, y cuando lo hacía, sus ojos comenzaban a brillar con una felicidad que no había mostrado en mucho tiempo. Después ella tomó interés en ver y cargar a su hermana bebé.

*   *   *

Cambios

ENOJO

Por un tiempo, solía pegarles a mis hijos cuando me enojaba con ellos. Sin embargo, tiempo después comprendí que el enojo produce venganza. ¡La venganza, increíblemente, ocurría el mismo día! Mis hijos se golpeaban entre ellos. Creían que cuando alguien los molestaba, la solución era golpear. Entonces me preguntaba: *Si golpear a mis hijos hizo que se golpearan entre ellos, ¿qué pasaría si yo fuera más tolerante con ellos?* **Decidí intentarlo.** Los días en que no golpeaba a mis hijos, ellos no se golpeaban tan seguido. Comencé a demostrar tolerancia y paciencia constante hacia otros. Traté muy duro de encontrar otras maneras de disciplinar a mis hijos, tales como darles ropa para doblar o ventanas que lavar. Los golpes disminuyeron.

Aún me preguntaba si el deshacerme de los golpes era una buena estrategia. Finalmente, un día mis pensamientos al respecto fueron cristalizados cuando uno de mis hijos vio una mosca en la pared y me dijo, "!Golpéala! ¡Haz que sea mala!" Fue muy chistoso, pero interesantemente triste a la vez. Supongo que me sentí culpable porque sabía que yo era quien los estaba "haciendo malos".

LOS NIÑOS CREEN LO QUE TÚ CREES ACERCA DE ELLOS

Cuando mi hija mayor tenía seis años, ella nunca venía a mí cuando la llamaba. Al contrario, huía. Cuando la llamaba a comer, yo la veía voltearse conscientemente y correr en sentido contrario a mí.

En vez de frustrarme pensaba, "Le mencionaré qué tan rápido me está oyendo". Cuando hacía esto, ella me miraba confundida. (Parecía decir, "Tú sabes que no estoy haciendo lo correcto. ¿Por qué me felicitas?") Yo seguía diciéndole cuan rápido reaccionaba y yo llamaba a su papá para compartírselo. Continué con esta estrategia durante varios días. De hecho, ella mejoró en su acción de venir cuando la llamaba.

El problema aún no se arreglaba completamente pero definitivamente había progreso. Esto es porque le estaba demostrando que tenía una opinión nueva acerca de ella. Ella comenzó a ver que yo la amaba por quien ella era. Los maestros, he aprendido, tienen un aspecto similar cuando expresan confianza en los niños.

OBEDECER

Intentaba exhibir expectativas positivas cuando les pedía a los niños a bajarse de muebles o sillas. Les señalaba al suelo y les pedía de buena forma en vez de bajarlos yo misma y enojarme. Les diría, "Puedes pedirme que yo lo agarre por ti."

ORDEN Y LIMPIEZA

Nuestra hija mayor tenía muy mala letra. Sus trabajos de la escuela se veían sucios y arrugados. Yo intentaba pensar en qué cosas positivas podía decir sobre sus trabajos. *¿Algo que normalmente no diría?* Veía todas las cosas malas de su asignatura. Buscaba algo por lo que pudiera felicitar a mi hija. Encontré una letra "e" que estaba mejor escrita que el resto de las letras. Me emocioné mucho por que tan bien la había escrito sobre el renglón. Continué diciendo cosas positivas que normalmente no diría. Le di ideas sobre convertirse en escritora, doctora, científica, etc. También yo decidí escribir más limpiamente para que ella tuviera un buen ejemplo que seguir. Recordé que mi papá solía decir que le gustaba que dejara suficiente espacio entre cada palabra que escribía. Le conté esta historia a mi hija para que ella pudiera hacer esto con su escritura. Después de un tiempo, su letra y presentación mejoró. Seguí utilizando este método por un par de años. La mejoría fue buena, pero gradual. El día de hoy, mi hija escribe bella y limpiamente y confía en su habilidad.

Las creencias que tenemos sobre nuestros hijos se ven reflejadas en nuestras palabras, tono de voz, acciones, actitud, expresiones, lenguaje corporal e interés. Los niños se convierten en lo que tú notas en ellos. Si sólo notas el mal comportamiento, los niños continuarán mostrando estas actitudes, mucho tiempo con el propósito de llamar la atención. En vez de esto, tú puedes notar y comentar sobre las acciones correctas de ellos.

Prestarle atención a las buenas acciones de un niño cumple con su necesidad de ser apreciado y reconocido.

Un día noté que un niño rechazó el abrazo de otro niño. Un tercer niño vio esto y dijo, "Yo te abrazaré", y le dio un abrazo al niño. Noté qué tan generosa era esa acción y sabía que la niñera de ese niño había realizado esa acción en el pasado. Estos niños simplemente estaban "cumpliendo con las necesidades" de la situación. Entonces decidí intentar esta técnica con otros problemas. Cuando uno de mis hijos tenía un problema con otro hermano, le preguntaba a él o ella, "¿Qué necesitas?" o, "¿Qué puedo hacer?" Noté que mis hijos se enojaban menos y dejaban de quejarse cuando hacía esto. Cuando entendían que podía ayudarles, era mucho más fácil para ellos resolver el problema original.

Llenar esa necesidad de atención era más importante cuando mis hijos estaban lastimados. Les preguntaba si necesitaban hielo en su herida o moretón. Después de hacer esto varias veces, uno de mis hijos entendió este comportamiento. Cuando alguien se lastimaba, ella corría por hielo para su hermano(a). Los niños aprendieron a ser lógicos y "arreglar el problema" en vez de actuar ilógicamente y hacer el problema más grande.

En otra ocasión, mi hija mayor repentinamente decidió estar en desacuerdo con nosotros. En el pasado, ella usualmente estaba de acuerdo con nuestro punto de vista sobre películas apropiadas e inapropiadas. Ya habíamos discutido esto varias veces previamente y ella entendía nuestra posición. Ella estaba molesta de que sus amigas vieran programas que ella no podía ver y sentía que nuestro punto de vista era incorrecto. Pensé que debería hacer lo que "usualmente no haría yo" y le pregunté cómo pensaba ella que debíamos manejar esta situación. Le pregunté, sin enojarme y la animé a decir lo que ella tenía que decir. Me dijo que yo estaba mal. Le pregunté si ella pensaba eso realmente. Le pregunté si debía cambiar la forma en que estaba manejando los programas y las películas. Ella pensó en esto y después cambió de opinión. Yo no debería cambiar la forma en que estaba manejando la situación sobre las películas y los programas de TV. Me dijo que era difícil ser diferente a sus amigos. Me di cuenta de que ella sólo deseaba expresar su frustración. Yo debía seguir siendo buena para escuchar y dejar que ella expresara sus sentimientos. Yo estaba "llenando esa necesidad" de mi hija en esta situación.

Después de haber visto el éxito de "llenar las necesidades", usé esta solución fuera de mi familia inmediata. Si alguien tenía un problema o necesitaba ayuda, intentaba seguir y llenar la necesidad en la vida de esa persona. El responder activamente a las necesidades (no ambiciones) de otros me ayudó a escuchar la voz de Dios en mi corazón, especialmente cuando me llamaba a asistir a otros. Cualquier pequeño acto hacia un individuo, incluso sólo el ofrecer, significaba una gran ayuda. Cada vez que me era posible, intentaba ayudar a otros con sus problemas.

ATENCIÓN

Mi segunda hija demandaba atención por heridas o accidentes pequeños. Decidimos ser extra cuidadosos cuando ella se lastimara o se sintiera mal. Si se había lastimado, mi esposo y yo nos apurábamos para ir por hielo y cuando se sentía enferma dejábamos que recargara su cabeza en nuestro hombro o bien le traíamos una almohada. Cuando tenía frío le traíamos una cobija. Estábamos implementando la técnica de "hacer lo que usualmente no haríamos". Después de unas cuantas semanas de portarnos así, oímos que nuestra hija había exhibido un comportamiento similar al nuestro. Ella había dejado que una amiga suya pusiera su cabeza en su hombro todo el camino del campamento de verano a casa ya que sufría de dolor de cabeza.

Yo trataba a todos mis hijos igual (atención, regalos, etc.) e intentaba llenar grandes espacios si otros no lo hacían. Estos otros seguido incluían abuelos, familiares y amigos.

Es importante que cada padre dé atención, hable, haga cosas y establezca una conexión con cada hijo(a). De otra manera problemas de comportamiento tales como necedad, falta de consideración, berrinches y malos tratos pueden emerger. Los hijos también copian el énfasis que los padres ponen en la igualdad de trato. Los niños son altamente capaces de aprender a dar atención a las personas que más lo necesitan.

SENTIMIENTOS POSITIVOS POR EL ÉXITO

En su clase de arte, mi cuarta hija recibía atención de parte de su maestra que le hacía preguntas y notaba los colores y detalles. Esta instructora también mencionaba que, "Es vital para los niños el no sólo intentar sino también sentirse exitosos en sus proyectos". Ella repetía el proyecto entero con tal de que todos sus alumnos pudieran alcanzar sus objetivos. De nuevo, me di cuenta de que el vocabulario que yo usara tenía que enfocarse en alcanzar los resultados deseados.

La experiencia me comprobó que los niños *no escuchan* si se les dice lo que *no* deben hacer.

Aquí hay algunos ejemplos de cómo mi quinta hija se comportaba de maneras a las que yo decía no.

Un día estábamos leyendo un libro en el que el personaje principal iba a un museo de arte a observar pinturas. Después de esto, el personaje fue a su casa y pintó sobre las paredes blancas de su casa. Entonces le dije a mi hija, quien nunca había rayado las paredes, que el personaje no debería haber hecho tal cosa. Varios días después nuestra hija pintó sobre las paredes de la casa. Le di un trapo y limpiador para que borrara lo que había hecho. Unos días después lo hizo de nuevo. Ella voluntariamente lo limpió de nuevo. Yo traté de seguir siendo amable con ella. Ella dejó de hacerlo después de su segundo intento. Me di cuenta de que ella sólo estaba probando una idea que nunca se le había ocurrido antes, aunque habíamos discutido la acción y concluído en que no era aceptable. Era difícil para mí creer que ella había copiado la acción incluso después de haberle dicho que no lo hiciera.

En otra ocasión, cuando mi hermana estaba de visita me contó que una de sus hijas se había cortado el cabello ella misma. Nunca antes había tenido este problema con mis hijos. Como ya sabía que a los niños les gusta intentar cosas nuevas, miré alrededor para ver si mi hija nos había escuchado. Ella pareció no reaccionar ante esto y por lo tanto mi ansiedad pasó. Unos días después mi hija intentó cortarse el cabello.

Entonces aprendí tres lecciones:

1. Los niños intentan cosas nuevas cuando las ven u oyen
2. Los niños no son lógicos (pero esto no significa que sean "malos")
3. Los niños siempre escuchan

Una pregunta

Sabía que mi hija pequeña era buena y que tenía buenas intenciones. Me preguntaba yo por qué entonces ella había hecho lo que mencioné en las historias pasadas. ¿Había sido porque yo especifiqué la acción que no quería que ella hiciera? ¿Era ese el problema? Después pensé, "¿Cómo puedo ser una buena madre si no puedo decirle a mi hija lo que no es aceptable?" Durante varias semanas intenté descifrar cómo podría cambiar el mal comportamiento sin mencionar el mal comportamiento (o sea, "no hagas esto o aquello").

5
APRENDIENDO A HABLAR POSITIVAMENTE

Confiar

Me decidí a pensar, "Dios me mostrará el camino. Él ayuda a la gente con sus problemas".

Una respuesta

Poco después de poner mi confianza en Dios me encontré hablando con mi dentista durante una cita. Ella me mencionó que algunos niños tienen miedo de visitar al dentista. Estos niños actúan de diferentes maneras tales como inquietud, nerviosismo, ansiedad, etc. Ella dijo, "No me sorprende que actúen así. Los padres les inculcan el miedo. Les dicen, 'Si no te cepillas los dientes te van a salir caries.'" Reconocí que yo había usado las mismas palabras. Oculté mi culpa y pregunté, "¿Entonces qué se debería decir?"

Ella respondió, "Los padres podrían decir algo así: 'Si te cepillas los dientes éstos estarán sanos y protegidos.'"

Refleccionando…

Después de esa visita al dentista, me puse a analizar lo que ella me había dicho durante varios días. ¿Por qué sería esa manera de decir las cosas mucho mejor que la convencional?…

Descubrimiento

Descubrí que hay una manera positiva y una manera negativa de decir las cosas. El lenguaje positivo se enfoca en el bien que uno desea y en el beneficio de la acción correcta. El lenguaje positivo promueve el buen comportamiento. El lenguaje negativo trabaja a través del miedo, enojo, resentimiento, preocupación, negatividad y bajo autoestima. Me hice de una frase que a mi hija mayor le gustó, "Si le dices a alguien, 'No pienses en un elefante rosa con puntos morados,' ¿en qué crees que pensará esa persona?" Ella estuvo de acuerdo en que el decir lo que uno no quiere prácticamente obliga a una persona a hacer exactamente eso. Si uno en vez dijera, "Piensa en un tigre azul", la persona no pensaría en un elefante.

Una conclusión

Las frases positivas son más efectivas para modificar el comportamiento que las negativas ya que las primeras señalan a una **salida,** a una solución. Las frases positivas creen en buenos resultados.

Hablar positivamente requería de mucha concentración. Para decir una oración muy positiva yo tenía que revisar cada palabra que decía. De esta forma me encontré hablando revisando mi vocabulario para que fuera lo más positivo posible. Consulta la sección "Permaneciendo Positivo" para ejemplos y sugerencias para un lenguaje positivo.

El capítulo 9, "Aprendizajes Clave" tiene mucho más ejemplos de cómo decir las cosas positivamente.

6
LOS NIÑOS APRENDEN DE CADA PADRE

Los niños aprenden a actuar amorosamente con sus hermanos y amigos si sus padres son constantemente amorosos con ellos.

Enojo en la competencia

Mis hijos se frustraban mucho cuando jugaban algún juego y perdían. Eran muy competitivos. Mis hijos copiaban no solo mi comportamiento, sino también el de mi esposo. Perder en juegos de mesa le molestaba a mi esposo. Tres de nuestros hijos seguido se ponían tensos, como él. Decidí que el comportamiento ultra-competitivo tenía que parar porque estaba causando peleas entre los niños. Los peleas continuaron durante los juegos incluso cuando se les pedía a los niños jugar bien y hablarse educadamente. Las palabras positivas no eran suficiente para cambiar su comportamiento.

Demostrando con el ejemplo

Pedí a mi esposo jugar con los niños y permitirse perder a propósito y con una buena actitud. Él les demostró muy bien cómo hacerlo.

Resultado

Los niños aprendieron a ser mejores perdedores. Incluso se divertían más al jugar juntos.

Más resultados

Semanas después, mi hijo, quien ya había ganado varias carreras en atletismo, vio que uno de sus amigos no tenía ningún listón de primer lugar. Durante una carrera, mi hijo intencionalmente bajó la velocidad para dejar que su amigo ganara la última carrera y así poder tener un listón azul.

Más juegos

Un día, observé a mi hijo jugar con sus carros de juguete. Mientras lo hacía, chocaba los carros muy bruscamente. Yo sabía que ni mi esposo ni yo le habíamos enseñado este comportamiento. Entonces pensé, "Mi hijo debe haber visto esto en la tele o en otros niños".

Demostrando con el ejemplo

Debido a que mi hijo parecía emular el comportamiento de mi esposo más que las niñas, le pedí que jugara a los carritos con nuestro hijo y que lo hiciera muy cuidadosamente. Mi esposo tomó uno de los aviones de mi hijo y le mostró como jugar con éste muy cuidadosa y lentamente.

Resultado

Después de unas dos sesiones de juego, mi hijo jugaba mucho más dulcemente con sus carros y aviones.

Niñas jugando

Mientras tanto, mis hijas jugaban con muñecas. Noté que seguido actuaban egoístamente y terminaban peleándose. Usé la idea de demostrar con el ejemplo enfocándome en ser educada y amable al jugar. Le preguntaba a mis hijas, "¿Te importaría si uso esos zapatos?" o "¿Estaría bien si mi muñeca hace esto?" También diría cosas amables tales como "¡Oh, que lindo!"

Resultado

Después de un par de sesiones de juego, el ejemplo positivo ayudó a las niñas a jugar mejor.

Conclusión

Algunos de los niños eran como yo, otros más parecidos a mi esposo. Creía que el padre al que más se pareciera el niño era el más efectivo para intentar reforzar un nuevo comportamiento.

Al principio intentaba cambiar a mi hijo(a) para arreglar los problemas. Después de hacer muchas cosas de las que he mencionado, me di cuenta de que me había estado cambiando a mí misma, logrando disminuir los problemas. El proceso parecía ser: cambiarme a mí misma primero para que después el niño(a) copie el comportamiento.

Un problema

Había un problema con este método que continuamente ponía un obstáculo en el proceso. La dificultad provenía del hecho de que mi esposo no se comportaba de la manera en que yo quería que mis hijos lo hicieran. En ese momento, no estaba segura de qué hacer, pero estaba muy preocupada ya que tres de nuestros cinco hijos lo seguían mucho a él.

7

Un nuevo capítulo en nuestras vidas

Unos meses antes de que nuestra quinta y última hija naciera, Dios me envió otro mensaje. Era un pensamiento verdadero. Este mensaje era, "La alegría ya viene."

¿Cómo se suponía que entendería lo que este mensaje significaba? Simplemente me ayudó a creer que la familia sería feliz pronto. ¿Qué tan pronto? No lo sabía. ¿Era esta bebé esa alegría?

Dios nos enseñó a amar DE NUEVO

La bebé que llegó era muy fácil de cuidar y amar. Siempre estaba feliz. En verdad nos trajo alegría y entendimiento de cómo amar. Todos los niños aprendieron de su presencia.

Unos años después de que la bebé nació decidimos mudarnos más cerca de otros familiares para que sus primos pudieran visitarnos más.

La mudanza debió haber sido mandada del cielo porque encontramos una casa que nos vino perfecta. La mudanza fue muy fácil y rápida.

El proceso comienza de nuevo

Entonces chequeamos nuestras prioridades de nuevo...

SIMPLIFICAR OTRA VEZ

Antes de mudarnos a nuestra nueva casa, mi esposo tuvo que lidiar con una decisión. Todo su equipo de maderería, el cual guardaba anteriormente en su propia cabaña, necesitaba un nuevo lugar en la casa nueva. Decidimos que iría en el garaje, pero apenas cabría. Le dije a mi esposo qué podría construir un nuevo taller, pero también le pregunté exactamente que haría. No necesitábamos más cajones en nuestra casa. Le sugerí que podría hacer más cajones para otras personas. Él consideró esto y pensó en añadir más espacio al garaje. Sin embargo, esto costaba más de lo que podíamos pagar. En vez de esto, mi esposo decidió vender su equipo en un intento de enfocar su tiempo y esfuerzos en la familia. Esto me hizo muy feliz.

Una vez que vendió el equipo, mi esposo me comentó que sintió como un gran peso fue levantado de sus hombros. No tenía que preocuparse más por su hobby y se sentía feliz por poder pasar más tiempo con los niños y conmigo.

Al mismo tiempo, donamos muchas cosas que teníamos en la otra casa. Nos deshicimos de juguetes, fotos, libros, juegos, ropa, joyería y muchos otros objetos que no usábamos tan seguido. Mientras más cosas "tiramos" mejor se sentía la casa. Incluso me deshice de decoraciones para la casa. Nuestro enfoque cambió de adquirir cosas a más tiempo en familia así como amar a Dios y a nuestros hijos. Me di cuenta de que la acumulación de muchas pertenencias causaba estrés innecesario y hacía que me olvidara de lo que era realmente importante en la vida.

Yo era la principal organizadora de este proceso por los primeros seis años. Mi esposo me dejaba hacer esto, pero no era un miembro activo. Él hacía lo que yo le pedía hacer pero temía pedírselo muy seguido debido a que él no haría estos cambios por iniciativa propia. A pesar de esto, él siempre me ayudó y aceptó mi decisión. Había una importante diferencia entre las acciones de mi esposo y las mías. Era obvio para mí que sólo unos cuantos de nuestros hijos me seguían a mí, mientras que los otros lo seguían y se parecían más a él.

PELEAS Y FALTA DE ATENCIÓN

Un problema surgió repentinamente entre nuestras dos hijas mayores. Las peleas continuaban debido a que yo me aliaba con la menor, quien tenía mi personalidad, mientras que mi esposo se aliaba con la mayor, quien tenía su disposición. Mi esposo y yo nos acordamos en convertirnos más neutrales en las disputas que surgieran entre ellas. Ninguno de nosotros dio ninguna indicación en cuanto a quien tenía la razón, sino más bien amábamos a las dos y les ayudábamos a resolver los malentendidos. El problema era realmente de las dos ya que ambas contribuían a la disputa. Nuestra solución era que ambas niñas practicaran llevarse bien por un periodo de, tal vez diez minutos, cada vez que pelearan.

La segunda razón por la que peleaban también debía ser resuelta. El interés de mi esposo por la vida de nuestra hija mayor dejaba a nuestra segunda hija con poco interés de su padre. Intenté dedicarle tiempo extra, pero no podía sustituir la falta de atención de su padre. Finalmente, le pedí a mi esposo que le preguntara más a nuestra hija acerca de sus amigos e intereses. La mayor se interesó más y aceptó mejor a su hermana después de que mi esposo mostró con su ejemplo de que nuestra segunda hija tenía intereses que importaban. La mayor incluso comenzó a dibujar Anime como la menor. Así mismo, la menor se encuentra actualmente tratando de convertirse en una mejor jugadora de basquetbol como su hermana mayor.

Mi esposo movió toda su atención a todos los niños y ahora todos se llevan mucho mejor.

Para ayudar a los niños a seguir llevándose bien, solía sacarles fotos para mostrarles cuanto se divertían juntos. Las fotos eran distribuidas por la casa para reforzar el hecho de que podían pasar un buen tiempo juntos. Pronto, los niños se trataban mejor más seguido, lo cual me dio la oportunidad de felicitarlos por su buen comportamiento y sacar más fotos.

Eventualmente, nuestras dos hijas mayores comenzaron a tener conversaciones más profundas, lo cual mi esposo y yo seguimos reforzando con nuestro interés y participación.

Las dos niñas ahora son mejores amigas. Mi hija mayor se está preparando para iniciar su último de preparatoria y está investigando mucho acerca de diferentes universidades. Su hermana, quien va en primero de preparatoria, ha expresado su deseo de mantener a su hermana cerca de casa muchas veces ya que son muy buenas amigas.

PELEAS Y ATENCIÓN NEGATIVA

La atención negativa puede ser tan destructiva para un comportamiento deseado como la falta de atención. Comencé a notar que nuestro hijo no se estaba llevando muy bien con nuestra hija mayor. En este caso pude notar que la disparidad entre los dos se debía a que nuestro hijo se molestaba por las acciones de su hermana mayor. También noté exactamente cuándo era que él aprendía este comportamiento. Era durante la cena, cuando mi esposo criticaba los hábitos de alimentación de mi hija. ¡Mi hijo estaba imitando a su padre!

Para arreglar este problema, mi esposo hizo diferentes esfuerzos para ser positivo cuando hablara con nuestra hija mayor durante la cena y a ser más educado en la mesa.

Queríamos que nuestra hija mayor pensara que también podría ser divertido jugar con su hermano. Por lo tanto, mi esposo comenzó a jugar con nuestro hijo asegurándose de que la mayor pudiera observarlos. Unos días después, mis dos hijos se encontraron juntos jugando Legos. Saludé a mi esposo en la puerta principal y calladamente le indiqué el sonido de nuestros niños felizmente jugando arriba. Desde ese tiempo, los dos se han llevado mucho mejor.

EL RECHAZO CAUSA PROBLEMAS

Los niños creen lo que tú crees de ellos, ¡recuérdalo!

La principal fuente de frustración que tenía mi esposo con nuestra hija mayor era su falta de habilidades en el baloncesto. Esto a veces hacía que él se enojara con ella. Él incluso llevaba la cuenta de cuántas veces ella cometía un error. Su enfoque estaba en los errores negativos en vez de los logros positivos. Esto resultó en mucha frustración para él y baja autoestima (y bajo rendimiento deportivo) para ella. Entonces pensé, "Un niño pequeño aprendiendo a caminar es felicitado incluso cuando sólo camina unos pasos y después se cae. Los padres no se enfocan en cuantas veces se cae o pierde el equilibrio el bebé". Le dije este ejemplo a mi esposo y amablemente le pedí que sólo ofreciera comentarios positivos y apoyo a nuestra hija. Quería que hiciera esto incluso cuando ella estaba intentando algo nuevo y fallaba[16]. Él intentó hacer comentarios positivos tales como, "Vi que intentabas llevar la pelota al aro cuando estabas en la línea de faul. " Este tipo de vocabulario era una buena manera de ser positivo y alentar al mismo tiempo. Mi esposo optó por sólo felicitarla y alentarla a intentar cosas nuevas.

Si ella tenía sentimientos negativos por como había jugado un partido, él la escuchaba y aceptaba sus sentimientos, pero pondría énfasis a lo positivo rápidamente. Él, por supuesto, aún quería que ella mejorara. Él le hablaba sobre la opción de intentar algo nuevo en otra ocasión, cuando estuviera más calmada. El vocabulario positivo de mi esposo tenía tal efecto que nuestra hija comenzó a aceptar sus ideas con mayor facilidad. El autoestima de nuestra hija mejoró, dejó de molestar a sus hermanos, se relajó más y adoptó una mejor actitud en la cancha.

Finalmente comenzamos a ver grandes mejorías en nuestra hija mayor. ¡Me sentía tan *agradecida!* Di gracias a Dios por Su ayuda. Estaba también muy agradecida con mi esposo por intentar cosas nuevas. Nuestras interacciones incrementaron en amor. También notamos que nuestra hija se hizo más servicial con otros debido a que eso había hecho su padre con ella.

---

[16] 1 Pedro 3:1–2 "Asimismo ustedes, mujeres, estén sujetas a sus maridos, de modo que si algunos de ellos son desobedientes a la palabra, puedan ser ganados sin palabra alguna por la conducta de sus mujeres 2 al observar ellos su conducta casta y respetuosa".

Ahora que pienso en esto, siento que Dios me estaba cambiando lentamente y ayudando y preparando a mi esposo para hacer cambios similares.

Para ese entonces, mi esposo había dejado ir sus ambiciones para enfocarse en entender a los demás.

AH, PERO AÚN TENÍAMOS ALGUNOS PROBLEMAS...

Yo estaba internamente molesta de que mi esposo continuara cometiendo errores con los niños. No se daba cuenta de lo que hacía. Yo ya no podía soportarlo más. Se lo dije una mañana.

Cuando él se estaba despertando, le dije pacíficamente, "Tú sabes cuánto me importas. Sé que has estado haciendo todo lo que te pido, pero necesitas hacer más. Algunos papás sonríen a sus hijos. Algunos papás cargan a sus hijos, les dan una palmada en la espalda y les prestan atención. Algunos papás se ríen por cosas tiernas que sus hijos hacen o dicen. Quiero que seas así."

Comencé a llorar. Comencé a decirle algunas de las cosas que él necesitaba hacer (hablar amablemente todo el tiempo, amar ser papá, etc.) para ser un mejor padre. Esto fue muy difícil de decir para mí porque yo siempre solía decirle todas las cosas que amaba de él. Nunca nos peleábamos. Sabía que él siempre me escuchaba, así que tenía la esperanza de que me hiciera caso.

Por unos minutos mi esposo rechazó lo que le dije. Él no creía tener ningún problema.

Él respondió, "¡He estado haciendo mucho! ¿Cuántos otros hombres escuchan a sus esposas como yo lo hago?"

Le dije, "Bueno, han sido buenos cambios ¿no? ¿Acaso no crees que las cosas están mejorando? Sólo te he estado diciendo que hagas algunas cuantas cosas. Nunca te grito ni me enojo contigo, pero me molesta mucho cuando suenas poco feliz o te enojas por cosas insignificantes todo el tiempo. ¡Nunca te ríes! ¡Nunca estás realmente feliz! Justo antes de casarme contigo, le conté a mi madre sobre mi preocupación. Ella me dijo que serías feliz cuando nos casáramos. Quiero que seas feliz con los niños. Sé que me amas. Por favor."

Él estaba quietamente sentado en la orilla de la cama, dándome la espalda.

Le dije, "No te enojes".

Él levantó su mano como para decir, "Por favor, deja de hablar. Necesito considerar esto por un momento."

El cuarto estaba en silencio. Él descansó su cabeza en su mano. Yo temía haber herido sus sentimientos.

Entonces él dijo, "Me estás diciendo que soy un mal padre".

"No. Tú eres un buen padre. Has ayudado mucho en la casa. Has mejorado las cosas con los niños. Ayudas cuando lo necesito. Si sólo pudieras intentar que no todo te molestara…"

Él estaba en silencio de nuevo. Y dijo, "¿Qué quieres que haga?"

Fui por detrás y lo abracé. Le dije, "Si tan sólo pudieras no enojarte cuando las cosas salen mal, me harías muy feliz. Si alguien tira una bebida, simplemente haz que la limpien. Si tienes dificultad para abrir algo, no gruñas, sólo intenta algo nuevo. No dejes que cosas pequeñas te molesten. No dejes que las cosas que no salgan bien a tu alrededor se acumulen; cuando ya hayan pasado, sólo olvídalas."

Él tomó mejor las sugerencias.

MENOS INTENSO

Inicialmente, durante los siguientes días cuando se molestaba con los niños, mi esposo no decía nada. Esto fue un paso importante porque él criticaba a los niños en muchos aspectos. No le gustaba cuando las cosas salían mal.

Después le pregunté que viera el lado positivo de las cosas en todo momento. Esto fue difícil para él, pero empezó a decir cosas más alegres.

Si llovía, él diría algo como "Está lloviendo. Que bien, las plantas lo necesitan".

Si no había tiempo de hacer lo que él quería hacer, él diría "Bueno, tal vez no era el tiempo correcto para hacerlo. Debe haber una buena razón."

Eventualmente intenté mostrarle que siempre hay cosas buenas incluso cuando parezca que sólo hay cosas malas inicialmente.

Semanas después le pedí intentar ser más alegre, feliz y sonriente. El desayuno era un buen momento para intentarlo. El desayuno siempre había sido algo seco. Pensé que sería bueno para los niños intentar comenzar el día con algo de alegría.

Los niños no se reían de si mismos porque mi esposo no se reía de si mismo o de algo que salía mal (lo cual era casi todo el tiempo). Le pedí a mi esposo ser menos intenso y a reírse cuando las cosas salieran mal en vez de enojarse. No le estaba pidiendo que se riera sólo porque las cosas salían mal sino para que se relajara y fuera más feliz. Era también para que los niños siguieran su ejemplo.

Él empezó a relajar el ambiente durante el desayuno hablando de diferentes cosas, usando un poco de humor, abrazando a los niños, dándoles palmadas en la espalda, o diciendo cosas buenas acerca de cómo se veían o actuaban. En un corto tiempo, el desayuno, y el resto del día, se hicieron más divertidos para todos.

Al hacer estas cosas, los niños aprendieron a lidiar mejor con los problemas y a llevarse mejor. La cantidad de problemas disminuyó y el ambiente se relajó. Alistarse en la mañana se hizo más fácil. Mi esposo me dijo que al ser menos intenso, le era más fácil ser más amigable con los niños.

Pronto, mi esposo añadió su nueva actitud a otros aspectos de su día.

PERMITIR EL FRACASO

Controlar vs. Dejar ir

Mi esposo tenía que aprender a "dejar ir" sus comportamientos controladores, especialmente con nuestra hija mayor. Por ejemplo, si ella no estaba estudiando lo suficiente, en vez de decirle que estaba flojeando, le dije a mi esposo que dejara a nuestra hija decidir cuánto tiempo necesitaba para estudiar. Le dije que no la hiciera hacer cosas que no quería hacer y a permitirle fracasar. Todo esto tenía que ocurrir sin decepción o frustración en su voz y sus acciones. Él tenía que ser más positivo con su vocabulario, exhibiendo una atmósfera pacífica para nuestra hija. Él debía darse cuenta de que era la vida de su hija, no la suya, y que no era problema de él.

Mi esposo y yo éramos individuos controladores. Mi esposo controlaba porque sólo la perfección era aceptable. Si algo salía aunque sea un poco mal, él se molestaba, frustraba o irritaba. Él se frustraba con los niños por pequeñas imperfecciones y por lo tanto, no disfrutaba estar con ellos por mucho tiempo.

Yo controlaba para proteger a mi hija de ser rechazada por su padre, maestros y compañeros. Para prevenir el rechazo, yo le insistía a mi hija hacer su tarea o traer su abrigo, etc. Constantemente trataba de decirle cosas que ella podía hacer para mejorar su vida.

Ella iba en sexto grado. Yo tenía que dejar de controlar tanto. Me enteré de un par de asignaturas que mi hija no había entregado y consideré la pregunta, "¿Qué no haría normalmente...?" Normalmente, no le permitiría a mi hija olvidar hacer su tarea. Ella recibiría una mala nota.

Eso fue lo que hice, la dejé olvidar.

Mi hija estaba en shock y visiblemente sorprendida cuando recibió su reporte de progreso unas pocas semanas después. Las asignaturas que no entregó habían afectado negativamente sus calificaciones.

La consolé diciendo, "Esa no es tu nota final. Aún puedes mejorarla."

Me rogó que no le dijera a papá. Ella exclamó, "¡Él va a estar tan decepcionado conmigo!"

Unos días después discutí la situación con mi esposo. Le dije, "Es vital para nosotros dejarla aprender sobre la vida parcialmente por su cuenta. Debemos dejarla darse cuenta de lo que quiere. Sin embargo, tendrás que amarla aún cuando tome una decisión incorrecta. Ella debe saber que la amas simplemente por ser quien es."

Aunque yo nunca hubiera hecho un comentario similar, estaba agradecida por el hecho de que mi esposo respetara mi opinión y de que estuviera dispuesto a dejar a los niños ser imperfectos y aprender de sus propios errores. Nuestra esperanza era que ellos intentaran ser exitosos al ver la diferencia entre un buen esfuerzo y un mínimo esfuerzo.

Días después una situación similar ocurrió. Pensé que nuestra hija debía resolver un problema de cierta manera. En esta ocasión decidí decirle cómo yo en lo personal intentaría resolver el problema. Mi hija estaba en desacuerdo con la sugerencia, pero después se dio cuenta de que lo que le había dicho tenía validez. Otro día otra situación similar ocurrió. Le di una sugerencia con la que ella no concordaba. Mi respuesta fue, "Oh, de acuerdo. Pensé que te gustaría esta sugerencia por [_____] razón, sin embargo si tú piensas que tienes una mejor idea, está bien."

Ella rápidamente cambió de actitud, diciendo que tal vez intentaría lo que le había sugerido. Creo que ella aceptó la idea porque confiaba en que mis palabras habían sido sugerencia, no órdenes. Después ella me dijo que se sentía culpable por siempre ignorar mis sugerencias, mientras que escuchaba las de su padre más seguido.

Poco después, su padre comenzó a tener un comportamiento similar. Los dos internalizamos el slogan, "No te preocupes, está bien. Esto no me afecta."

Después de un tiempo, este método nos llevó a que nuestra hija fuera mejor al recordar tareas y responsabilidades. Esto también le ayudó a mi hija recordar sus necesidades físicas, tales como mantenerse abrigada y seca usando un abrigo.

Entendimos que la necedad que ella mostraba funcionaba como nuestro desesperado deseo de querer controlarla. Ella reflejaba como un espejo nuestra presión por forzar ciertas acciones y similarmente nuestras buenas y amorosas acciones.

Habíamos cambiado algo, de hecho:
- Tratar igual a cualquier hermano
- Darles a nuestros hijos nuestra aprobación
- Permitir el fracaso
- Hacer el ambiente menos tenso a través del ejemplo

Dejamos que los niños tomaran algún control sobre cuándo y cómo manejarían sus asignaturas.

Cuando dejamos que nuestros hijos tomaran algunas de sus decisiones, ellos siguieron las reglas más obedientemente.

Hay aquí algunas ocasiones que prueban la obediencia de los niños:

Yo sabía que nuestra hija mayor se parecía mucho a su papá. Estaba en su primer año de preparatoria y su vocabulario era muy negativo. Le había costado mucho trabajo hacer amigos en su escuela privada primaria y secundaria debido a que sus compañeros no eran muy tolerantes. Ahora, era el momento para ella de ir a la preparatoria con las mismas personas con las que había estado por nueve años.

El ver que ella no era aceptada sino ignorada por todos esos años me enojaba y frustraba. En una ocasión, ella fue a un picnic de la escuela una semana antes de que las clases comenzaran y lo mismo pasó.

Ella y yo hablamos cuando regresamos a casa del picnic sobre todo esto y ella aceptó que estaba cansada de ser tratada injustamente. Unos días antes de que las clases comenzaran, decidimos mandarla a una escuela pública para que pudiera hacer amigos y comenzar de nuevo.

Sin embargo, sabía que los mismos problemas surgirían en la escuela pública si mi hija no era una persona más alegre y positiva. Por lo tanto, le pedí a mi esposo ser más positivo con la esperanza que de ella copiaría su actitud.

Mi esposo comenzó a usar una actitud más positiva en otros aspectos de su vida (con los niños, en el trabajo, el clima, el tráfico, etc.) y en general. El sentimiento feliz y despreocupado se esparció y continúa creciendo en nuestra familia[17]. Mi hija pudo hacer

---

[17] Hebreos 10:24 "Consideremos cómo estimularnos unos a otros al amor y a las buenas obras"

amigos y mantener su amistad más fácilmente y ahora tiene un grupo de personas con las que pasa su tiempo hoy.

Guiar con el ejemplo

LAS ACCIONES SE IMITAN

Una mañana hace unos años, mi esposo decidió bajar su consumo de grasas y quitar la margarina de su pan tostado. Mi hija mayor vio lo que mi esposo había hecho y exclamó "¿¡Esperas que YO coma mi pan tostado sin margarina!?" Él se miró sorprendido, sin entender lo que ella quería decir y procedió a explicarle su intención de bajar su consumo de grasas. Mi esposo terminó su desayuno y se fue al trabajo. Después de que su papá se fue, observé cómo mi hija respondía al cambio de él. Ella se dirigió al tostador, preparó su pan tostado con margarina, se sentó a la mesa y dijo, "Sólo no le voy a poner mermelada a mi pan tostado." Fue chistoso pero me di cuenta de que esta podía ser una herramienta poderosa para cambiar sus hábitos negativos.

LA ACTITUD SE IMITA

Le pedí a mi esposo que intentara mostrar una actitud positiva frente a mi hija, especialmente cuando se dieran ciertas situaciones y/o problemas. También le di ánimos positivos a mi hija, incluso por pequeñas mejorías en su comportamiento. Igualmente le pedí a mi esposo decir cosas buenas de otras personas.

En ese momento, noté que mi hija mayor y mi esposo seguían sin prestarle suficiente atención a los niños más chicos. Haciendo esto evidente, le pedí a mi esposo que hiciera un esfuerzo especial por poner más atención a nuestros otros hijos y jugar más con ellos. Mi esposo comenzó a jugar con ellos, les hacía "caballito", los sentaba sobre sus rodillas, notaba las pequeñas pero buenas cosas sobre ellos. Después de solo dos días, mi hija mayor comenzó a jugar con sus hermanos menores. Tal como mi esposo lo hacía, ella los sentaba en su rodilla y les hacía "caballito". Fue sorprendente el ver qué tan rápido ella comenzó a mostrar estos comportamientos y actitudes.

Así mismo, mi hijo no jugaba con sus hermanas menores. Mi esposo, consecuentemente, comenzó a jugar con mis dos hijas menores, para poner el ejemplo con mi hijo. Después de una semana, mi hijo aceptó y comenzó a jugar con sus hermanas más chicas.

LOS NIÑOS SE ALÍAN PRINCIPALMENTE CON UNO DE LOS PADRES

Yo sentía que la segunda y la quinta hija reflejaban mi personalidad más que los demás. Mi quinta hija me vio llorar un día. Al siguiente día, mi pequeñita, quien siempre está feliz y nunca llora, comenzó a llorar intensamente. Me aseguré de que no me sentiría mal por mí misma de nuevo.

Desde siempre yo había intentado llevar una dieta saludable, aunque no hiciera ejercicio regularmente. Debido a que nuestro cuerpo fue hecho por Dios, sentía que tenía que comenzar a cuidarlo más. Empecé a hacer aerobics. Mi segunda hija comenzó a hacer aerobics también. Sin embargo, como yo no era constante, mi hija pronto dejó de hacer ejercicio. Después comencé a hacer ejercicio regularmente y ella hizo lo mismo.

De nuevo, noté que la mayor era más como su papá.

LAS CREENCIAS SE IMITAN

Mi hija mayor, que se identifica más con su padre, no quería hacer aerobics porque pensaba que su padre no lo haría. Cuando le mencioné que él había intentado hacer aerobics, me preguntó si le había gustado o no. Le dije que había parecido gustarle. Así que ella decidió en ese momento que lo intentaría algún día. Los aerobics la tonificaron, lo cual es muy importante para cualquier chica adolescente sin importar que tan "en forma" estaba por jugar en el equipo de basquetbol. El punto es que mi hija mayor no estaba abierta a mis ideas hasta que mi esposo demostrara entusiasmo y aprobación por ellas. Ella está más dispuesta a escuchar mis ideas ahora porque mi esposo ha demostrado pensar que mis ideas tienen validez.

PODER Y CONTROL

La gente obsesionada con el poder cree en su habilidad de controlar a otros y a las situaciones en vez de confiar en Dios. La preocupación y el miedo también están involucrados con el poder. El miedo inhabilita. Toda la gente debe creer que cuando las cosas parecen estar fuera de nuestro control, la voluntad de Dios es lo que nos guiará a través de las tribulaciones.

> No temeré mal alguno, porque tú estás conmigo; tu vara y tu cayado me infunden aliento. Salmo 23:1–6

Otro resultado positivo de la transformación de mi esposo fue el trabajo de la escuela de mi hijo.

En el pasado, mi esposo se molestaba por pequeños accidentes, como el que alguien derramara algo en la mesa o que a algo le faltara un pequeño tornillo. Nuestro hijo reaccionaba de la misma manera ante las malas notas. Si tenía una respuesta mala en su ensayo, él se quejaba y se sentía mal al respecto. Después de que mi esposo cambió y las cosas pequeñas dejaron de molestarle, las notas y respuestas incorrectas dejaron de molestarle tanto a mi hijo. Él comenzó a sentirse mejor acerca de sus aciertos. Mi esposo y yo nos enfocamos en lo que los niños hacían bien en la escuela (cuántas respuestas correctas obtuvieron, el que se supieran una respuesta, el que se emocionaran por saber algo nuevo).

Así, mi esposo comenzó a notar y enfocarse en los aspectos positivos de muchas más cosas. Él era más feliz, pero aún se frustraba cuando trabajaba con los más chicos. Yo sabía exactamente qué era lo que le estaba molestando. Podía oírlo. Él estaba usando palabras negativas al hablar.

Las palabras negativas lo hacían pensar en todas las cosas malas posibles y después estos pensamientos lo tensaban. Le dije a mi esposo que le dijera a los niños lo que quería que hicieran y que se enfocara en los buenos resultados y no en lo que no quería que sucediera. Le expliqué que esto resultaría en menor frustración para él y reacciones más positivas de parte de los niños (ellos obedecerían mejor).

Era difícil para mi esposo cambiar su vocabulario debido a que palabras negativas, tales como "no" y "basta", son frases comunes que los padres empleamos. Las palabras salen casi automáticamente de nuestra boca (ver la sección "Vocabulario Positivo"). Después de unos meses de intentar hablar positivamente, mi esposo me dijo que se sentía "en paz y feliz". También mencionó que no se había enojado con los niños por un par de meses.

Mucho tiempo después, mi esposo me confesó que había decidido hacerme caso de decir las cosas positivamente sin realmente creer que las cosas cambiarían. Sin embargo, tiempo después se dio cuenta de que el usar un lenguaje más positivo resultó en reacciones positivas por parte de los niños y mejores sentimientos para él como padre. Mi esposo está convencido de que el lenguaje positivo realmente funciona. Fue una sorpresa para él ver que nuevas formas de decir las cosas pudieran hacer la diferencia.

Después de tres o cuatro meses de hablar positivamente, logré ver el cambio en mi esposo. Estaba mucho más en paz, lo cual lo ayudó a escuchar su corazón y hacer más cosas amorosas con y por los niños. Al hacer esto, él se sorprendió con lo fácil que es seguir a su corazón y sentirse bien con sus interacciones con nuestros hijos[18].

---

[18] Mateo 11:28–30 "Vengan a Mí, todos los que están cansados y cargados, y Yo los haré descansar. Tomen Mi yugo sobre ustedes y aprendan de Mí, que Yo soy manso y humilde de corazón, y hallarán descanso para sus almas. Porque Mi yugo es fácil y Mi carga ligera."

8
APRENDIENDO A CONFIAR EN DIOS

Mi esposo necesitaba creer en que Dios haría las cosas correctamente cuando él tuviera que enfrentarse a algún problema. Traté de explicarle. Él actuaba como si me estuviera escuchando pero decía no entender el porque de las cosas que yo le decía sobre la Biblia.

Yo sabía que él no entendía cómo un error o retraso en nuestros planes podrían resultar en algo bueno. Sentía compasión por él. Él debía dejar a Dios ser Dios en vez de tener un mapa en su mente sobre cómo las cosas son y deben de ser. Yo rezaba pidiéndole a Dios, "No es justo. Tienes que ayudar. Algunas personas miran alrededor y pueden llevar cuenta de todo lo que ven, números, tiempo, organización y conceptos. Ayúdalos a ver que también hay otras maneras para las que sólo tú conoces el proceso. Tú hiciste el mundo, hazles saber que tú aún estás a cargo de lo que pasa aquí".

Sólo unos días después pude ver algunos avances en el entendimiento de mi esposo y su voluntad de dejar atrás su propio criterio.

Un día mi esposo mencionó que había estado buscando un auto para enseñarle a nuestra hija mayor a manejar. Él dijo, "Intenté tu forma de hacer las cosas. Vi la lista de autos en venta y no quería tener que chequear cada uno de ellos. Sé qué tipo de auto estoy buscando y qué extras me gustaría que tuviera para garantizar nuestra seguridad. Quiero comprarlo de alguien que le ha cambiado el aceite oportunamente y que tenga pocas ralladuras o golpes para no ponerme nervioso. Así que vi la lista y experimenté un sentimiento de preocupación. Iba a ser mucho trabajo. Debía dejar que Dios se encargara de esto". No había pasado siquiera una semana cuando una mujer en el trabajo mencionó que necesitaba vender su auto debido a que el nuevo vendría pronto. Mi esposo sabía que ella había cuidado bien de su auto y cumplía con todos los criterios que él buscaba. Se sentía muy complacido.

La familia está feliz y en paz ahora. Aún hay ocasiones en las que nuestra hija mayor tiene problemas debido a nuestras anteriores imperfecciones como padres. Ella está floreciendo ahora. Estamos tan orgullosos de todos nuestros hijos.

Estas historias eran experiencias para facilitar el entendimiento y la creencia de que las cosas que hice cambiaron a mi familia y mi entorno. Siempre me vuelvo a Dios y a sus métodos de apoyo. Mientras más creo en Dios y en Su amor, mi manera de actuar en él es mejor y hace toda la diferencia.

9
LECCIONES CLAVE

Esta sección está compuesta de una lista de técnicas, soluciones, historias y teorías que nos han ayudado. También me extiendo en varios de los temas que he mencionado anteriormente.

Enojo

Muy seguido, la gente inconscientemente piensa que el enojo es más fuerte que el amor al actuar de ciertas maneras. Me sorprendí al darme cuenta de que yo creía en el enojo. Las actitudes negativas y el enojo se enfocan en el fracaso. Las acciones violentas producen una variedad de emociones y acciones negativas. El enojo es rara vez usado por Dios; nosotros deberíamos intentar amar como Dios lo hace. Es importante remplazar el enojo por el amor, especialmente con los niños debido a que ellos aprenden todo. Usar amor, en vez de enojo, también te hará una persona más feliz.

Amor

Es importante creer con el corazón que el amor es más poderoso que el enojo. Énfasis en el amor me mantiene en paz, incluso cuando las cosas salen mal. Cuando elijo amar, elijo al Dios de amor y me acerco más a Él[19]. Los niños son mucho más amorosos y felices porque no nos ven irritados o enojados. Se siente tan bien ver sonrisas en los rostros de los niños, en vez de los ceños fruncidos que antes solía haber. Un enfoque en lo positivo resultó en que los niños actuaran con mayor seguridad, amabilidad y autoestima. Todo padre y maestro desea lograr despertar estas cualidades en sus niños.

También es muy importante creer que el amor es lo que motiva a otros. Una persona que no me conocía me sorprendió con un comentario que dijo, "Algunas personas no ven las cosas como tú y yo". Me incluyó como una de las personas que se sienten y responden positivamente. Me sorprendí con el hecho de querer ser como la persona que él pensaba que yo era. Él estaba en lo correcto, pero no lo conocía muy bien. Él asumía que yo quería ser positiva y esto me hizo querer corresponder a sus expectativas.

Intenté esto con mis hijos. Yo les diría, "Apuesto a que te sentiste muy bien por hacer lo correcto" con la intención de ayudar a mis hijos a internalizar ese sentimiento de bienestar que uno experimenta al exhibir un comportamiento positivo.

También les diría "te ves tan dulce" o "eres tan amable con tu hermana(o)" y ellos serían más dulces o amables después.

Si uno de los niños se enojaba con otro hijo(a), ayudaba al niño molesto a verbalizar sus necesidades y preocupaciones en vez de enojarse. Enseñarle a los niños a ser pacíficos y a resolver sus problemas con otros les ayuda a aprender una habilidad importante que eventualmente necesitarán en la vida. Si les enseñamos a nuestros hijos a escuchar a si mismos, se llevarán mucho mejor. Cuando resuelven disputas por si solos, es importante reconocerlos y felicitarlos para que quieran volver a repetir este comportamiento en el futuro.

Me hice del hábito de estar agradecida con Dios por todo, incluso las dificultades y pruebas. Me alegraba en vez de quejarme. Hacía

---

[19] Gálatas 6:1 "Hermanos, aún si alguien es sorprendido en alguna falta, ustedes que son espirituales, restáurenlo en un espíritu de mansedumbre, mirándote a tï mismo, no sea que tú también seas tentado."

lo que podía y pedía perdón cuando era débil. Decidí dejar que Dios estuviera a cargo. No me preocupaba por las cosas pequeñas y decidí que haría todo lo que pudiera y después dejar que Dios tomara las riendas.

Lenguaje Positivo
Ejemplos para mantener un lenguaje positivo...

Negativo: Deja de gritar o te mandaré para afuera.
Positivo: Si estás en silencio, podrás quedarte adentro.

Negativo: ¡No tires la leche!
Positivo: Si te sirves la leche con cuidado la mesa se quedará limpia y seca.

Negativo: ¿Por qué tu cuarto siempre es un desastre?
Positivo: Debe sentirse muy bien el tener un cuarto limpio.

Negativo: ¿Por qué no acabas tu tarea a tiempo?
Positivo: Apuesto a que se siente genial terminar tu tarea a tiempo.

En vez de usar la palabra "no", uno puede decir "No puedes hacer esto ahora pero seguro puedes _____". Después, discutir la razón detrás del decir esto puede ser una buena solución y animar al niño(a) a expresar sus pensamientos y emociones.

Autoestima
El autoestima de un niño(a) es crítico para su éxito en la vida. Uno puede incrementar el autoestima de los niños al enseñarles cosas y habilidades nuevas. Es bueno considerar inscribir a nuestros hijos a clases o enseñarles uno mismo cosas nuevas. Mientras más aprendan, participen y muestren sus intereses con uno, mayor será su autoestima y seguridad.

Buscar lo positivo

Hay que buscar lo positivo. Uno debe creer que hay algo positivo en todas las situaciones. Cuando mi esposo y yo cambiamos y comenzamos a enfocarnos en lo positivo, diferentes cosas ocurrieron, el autoestima de la familia se incrementó, la actitud mejoró, y otras personas respondieron más positivamente a nuestros hijos.

Uno debe recordar que el lenguaje positivo es mucho más que sólo las palabras que se usan al hablar. La inflexión de nuestra voz puede causar aceptación o enojo. Siempre hay que usar lenguaje positivo, y más importante, hacer saber a nuestros hijos que los amamos y que creemos en ellos. El amor trae paz. La paz trae alegría. Recuerda dar un beso en la cabeza o una palmada suave en la espalda cuando veas a tu hijo(a) empezar a hacer lo que les has pedido.

Ofrecer opciones; renunciar al control

Las opciones también son importantes para los niños, a quienes les gusta tener cierta cantidad de control sobre sus propias vidas. Cuando mis dos hijas menores se resistían a irse a la cama, decidí intentar algo nuevo. En vez de enojarme cuando no se iban a dormir, decidía decirles que podrían quedarse con su almohada si se metían a la cama. Si no lo hacían, hacía que pusieran su almohada en el closet. (Importante: Nunca tomaba o les arrebataba la almohada. Si se las quitaba, entonces ellas se enojaban). Al hacerlas poner su propia almohada en el closet, ellas no se enojaban conmigo. Lo que sí demostraban era decepción, lo cual me daba la opción de ofrecerles algo. Les preguntaba si querían poner su cabeza en una toalla (ya que habían puesto su almohada en el closet) o uno de sus peluches. Aún trataba de ayudarlas, incluso después de que habían tomado la decisión de renunciar a su almohada.

Cuando mis dos hijas mayores se acostaban tarde, yo no mostraba frustración. Les mencionaba los buenos aspectos de un buen descanso, "Suficientes horas de sueño hacen que sea más fácil levantarse, se aprende mejor, uno está más alerta, listo y se tiene una mejor actitud en la mañana". Estos eran los aspectos en los que ellas necesitaban enfocarse. También las felicitaba si decidían irse a dormir más temprano, incluso si era por sólo unos minutos antes. Esto les ayudó a aceptar y tomar responsabilidad de su decisión de a qué hora se irían a dormir.

También solía usar lenguaje positivo y ánimos para ayudar a mis dos hijas más chicas a levantarse en la mañana. Les diría, "¡Que levante la mano quien se va a levantar y alistar rápido!" ¡Y funcionó! Las dos alzaban sus manos y se levantaban. Ellas tomaron la decisión de que se levantarían a tiempo. La más pequeña en una ocasión dijo estar muy cansada y no podía alistarse tan rápido, así que la animé diciéndole, "más o menos rápido está bien". Quería hacerla sentir que aún así podía hacerlo bien. Y también funcionó.

Si uno de mis hijos decía algo con enojo, le preguntaba, "¿Cómo es que querías decir eso mismo?" Si el niño(a) lo decía correctamente a la siguiente, le diría algo como, "Me encanta la forma en que dices eso" o "Muy bien dicho". Si el niño(a) no quiere decirlo correctamente desde el principio entonces uno puede decir, "Okey, entonces debes decirlo correcta y amablemente tres veces". Si aún así no lo dice bien, uno puede decir "Okey, ocho veces". Una vez que el niño(a) obedece a la petición, uno puede reducir la petición basado en la aceptación de la petición. Siento que los niños merecen amabilidad y piedad porque Dios es amable y piadoso con todos Sus hijos.

Palabras y Acciones

Cuando tu hijo(a) te pida ayuda con algo, intenta responder "Claro" o "Me encantaría ayudarte". El punto es hacerlo alegremente y enseñarle a poner primero a los demás. No debería haber duda alguna en nuestros hijos de que estamos felices de ayudarlos. Al ayudar alegremente a nuestros hijos con la tarea, les enseñamos que la tarea es buena. El tono y las palabras que usamos, así como la diversión que nos permitimos tener con la tarea, afectará la manera en que el niño(a) ve la tarea.

La paciencia es vital. Por ejemplo, la química se le complicaba mucho a mi hija mayor, a quien la tarea en general le costaba trabajo. Mi esposo y yo sabíamos que ella quería ser como su padre, por lo tanto le pedí que hiciera un esfuerzo por ser positivo y paciente cada vez que él ayudara a nuestra hija con su tarea. Mi esposo hizo este ajuste y permaneció calmado, incluso cuando mi hija se enojaba o frustraba mucho. Después, ella decidió ser más alegre y tolerante con las cosas que no entendía. Esto sólo reflejaba la aceptación de mi esposo por la falta de entendimiento de nuestra hija mayor. Esta nueva actitud la ayudó a aprender mucho más rápido. Unos meses después, nuestra hija mayor adoptó el papel de la maestra paciente y exhibía la misma calma y el mismo comportamiento constante al ayudar a alguno de sus hermanos menores con sus lecciones de música, las cuales duraban más de una hora y media.

Podemos hacer comentarios positivos después de que nuestros hijos se han lavado la cara o los dientes. Los comentarios positivos reforzarán el comportamiento. No hablemos de cuantas caries les saldrán si no se lavan los dientes; mejor hay que decirles que protegerán sus dientes de las caries si se los lavan con regularidad. Las buenas acciones se pueden incrementar diciendo, "Lo haces mucho mejor que antes" o "Nunca te había visto trabajar tan fuerte" Decir cosas como "¡GEEEENIAAAAL!" o usar una voz divertida o única también puede ayudar. Las cosas buenas hay que decirlas. Recordemos sonreír. Notemos los dientes blancos o un rostro limpio.

Para lograr que un niño disfrute de bañarse, los padres pueden hacer énfasis en lo bien que su hijo(a) huele después del baño. Los comentarios positivos dan aprobación y muestran un interés amoroso en los niños.

Básicamente decirle a un niño(a) que huele mal y necesita bañarse conlleva a un reforzamiento negativo. Es especialmente importante que ambos padres noten y aprecien el buen comportamiento, aunque no necesariamente al mismo tiempo.

Promoviendo nuevos comportamientos

Para lograr que mi hija quisiera peinarse bien le di un libro con diferentes estilos de peinado y moños. Hicimos algunos moños juntas después de que leyó y se interesó más por los peinados.

Para transmitirle a mi hija un entendimiento y deseo por buenas notas, encontré un libro sobre cómo tener éxito en la escuela, el cual leyó y puso inmediatamente en práctica. Otro comportamiento que significativamente incrementó el interés de mi hija por la escuela fue su propia opinión sobre su tarea. Como padres, podemos mencionar lo mucho que nos gustaban las matemáticas o cualquier otra materia (incluso si no la disfrutábamos tanto). Descubriremos lo mucho que nuestra actitud sobre la escuela puede influir el interés de nuestros hijos y su disponibilidad para aprender.

En vez de decir, "No me estás escuchando", podemos decir "Sé que te di bastantes instrucciones, así que repasémoslas de nuevo". Nuestros hijos aprenderán e imitarán nuestros buenos comportamientos. Si alguien hace algo mal, está bien decir "Todos cometemos errores".

La gente necesita reevaluar el por qué alguien les interesa o les hace feliz. Básicamente es mucho más importante valorar el amor y estima y el cómo una persona se siente y expresa que cualquier logro de valor superficial.

Recompensas

Una parte importante del refuerzo positivo es el uso de recompensas. Solía tener el hábito de castigar por el mal comportamiento y daba muy pocas recompensas. Quería ser más positiva y dar más recompensas a mis hijos. Entonces examiné cómo Dios era con todas las personas y encontré esta frase: Mateo 5:44–45, "Pero yo les digo: amen a sus enemigos y oren por los que los persiguen, para que ustedes sean hijos de su padre en los cielos; porque Él hace salir Su sol sobre malos y buenos, y llover sobre justos e injustos". Entonces decidí usar recompensas para reforzar los buenos comportamientos en las áreas en las que mis hijos necesitaban mejorar significativamente. Hice esto buscando cualquier buen comportamiento, incluso pequeñas acciones, que yo pudiera recompensar. También decidí no usar nada de comida como recompensa ya que me preocupaba la dieta de los niños. Les daría cinco o diez minutos extra antes de irse a dormir, tiempo extra para jugar afuera, leer un capítulo más de su libro favorito.

Comportamiento bueno y amable

Practicar el comportamiento bueno y amable se encuentra en el núcleo de una familia feliz. Esto trae armonía, paz y alegría al hogar. Me he propuesto promover el comportamiento bueno y amable en mi hogar tanto como erradicar las cosas negativas y malas.

Los padres deben amarse y respetarse incluso cuando se frustren entre ellos. Uno debe darse cuenta de que, con amor, las cosas cambiarán por el bien de todos. Ambos padres deben ser responsables, trabajadores y confiables. Si alguien necesita cambiar, debemos permitir que él o ella trabaje en ello.

El ver y hablar sobre buenos programas de televisión, videos y películas que realcen la moral también es importante.

Los padres debemos practicar la amabilidad seguido. Podemos ofrecer nuestro abrigo a uno de nuestros hijos si él o ella tiene frío o darle la última mordida de nuestro postre. Los padres también debemos decir por favor y gracias siempre a nuestros hijos y a nuestro esposo(a). Dejemos que otros nos ganen en algún juego. Demos ese paso extra para ayudar y sacrificarse por alguien más. Cuando uno de nuestros hijos nos abrace, abrasémoslo también. Sigamos abrazándolo(a) mientras él o ella nos esté abrazando, o incluso más tiempo. Démosles una palmada suave en la espalda cuando pasemos junto a ellos. Sonriámosles cuando estén escribiendo limpia y correctamente. Seamos comprensivos con nuestros hijos. Hay que enterarnos de qué opinan o de cómo se sienten sobre ciertas cosas. Debemos mostrarles que nos importan y que nos identificamos con ellos.

Una vez le pregunté a Dios qué debía yo hacer cuando mis hijos se molestaran entre ellos. El pensamiento de abrazarlos me vino a la mente. Lo intenté y funcionó. Nos ayudó a reducir el estrés, nos relajó a todos y llevó a que mis hijos se molestaran menos entre ellos. Debemos intentar discutir los asuntos con nuestros hijos de una manera amorosa y lógica. Al ayudar a nuestros hijos, escuchemos su opinión e interesémonos en su razonamiento. Si uno de nuestros hijos intenta hablar con nosotros, recordemos reconocer al niño(a) inmediatamente para que cuando nosotros queramos hablar con él o ella, ellos puedan copiar nuestro comportamiento responsivo y atento.

Intentemos ser felices al trabajar (sin respingar, gruñir, o quejarnos). Podemos decirle a nuestro hijo(a), "En verdad disfrutas de trabajar" o "Siempre me ha gustado trabajar" o "Estás haciendo un buen trabajo". Como padres, debemos realizar nuestros deberes prontamente para que nuestros hijos hagan lo mismo.

Debemos ser lógicos con nuestros hijos y permitirles usar la lógica también. Expliquémosles nuestras decisiones. Ellos necesitan oír nuestra lógica para poder ser lógicos. Los niños que son lógicos (y sus padres) no se exaltan tanto y tienden a llevarse mejor y más fácilmente con los demás.

Seamos generosos con nuestros hijos. Hay que estar dispuestos a compartir nuestras posesiones con todos. Compartir es fácil. Cuando veamos una necesidad, nuestro corazón nos dirá qué hacer. Escuchemos a la idea de compartir por el simple hecho de querer, no por deber. Démonos el tiempo para notar las cosas que hacen feliz a los demás. Demos caridad y hagamos que nuestros hijos se involucren. Ellos imitarán nuestra generosidad.

Practiquemos ayudar a nuestros hijos y ellos copiarán nuestras acciones y les serán más útiles a otros niños e incluso a otros adultos. Si estamos dispuestos a darnos el tiempo de ayudar a otros, nuestros hijos también se darán el tiempo de hacerlo.

Miremos amorosamente a nuestros hijos, incluso cuando éstos hayan hecho algo malo o indebido. Esto les enseñará a ser amables con otros, hasta cuando otros se aprovechan de ellos. Así, los niños aprenderán a perdonar y amar a sus hermanos y amigos.

Seamos pacientes. Si nuestro hijo(a) demuestra necesitar más paciencia, hagamos que él o ella practiquen la paciencia cinco veces, esperando un minuto entre cada vez. Mientras el niño(a) está practicando la paciencia, recordemos notar las acciones que nuestro hijo(a) haya hecho bien y hablémosle sobre ello. Recordemos ser pacientes, amables y amorosos cuando estemos corrigiendo el comportamiento de nuestros hijos. No debe haber enojo, malicia, o frustración. Después, reforcemos el hecho de que estamos notando su esfuerzo por ser paciente en algún aspecto de su vida.

Debemos convertirnos en lo que queremos ser. Necesitamos evaluar en qué aspectos queremos cambiar y cómo podemos lograrlo. Cambiemos por nuestros hijos y porque queremos que tengan buenos comportamientos. Si los forzamos a hacer algo, ellos se harán tercos y se nos resistirán. Nuestros hijos quieren ser como nosotros, así que cuando nos responden que "no", es simplemente un reflejo de nuestra necedad y nuestra presión.

Seamos dulces. Toquémoslos suavemente. Los niños recuerdan y copian el tacto así como el lenguaje.

Si alguno de nuestros hijos no quiere tomarnos de la mano, intentemos poner nuestro dedo en su mano para ver si el o ella lo agarra o no. Si no lo hace, intentémoslo suavemente de nuevo. Eventualmente, nuestro hijo(a) lo agarrará. Siempre seamos dulces y calmados. Cuando exhibía este comportamiento, sin frustrarme o enojarme, mis hijos confiaban en mí y se comportaban como yo esperaba. Cuando empecé a creer que podían ser buenos hijos, que tenían buenas intenciones y que querían entenderme, ellos respondían positivamente.

Otra idea que tuve fue poner un pizarrón blanco en algún lugar por donde mis hijos pasaran seguido y pudieran verlo. Les escribía breves notas amorosas y mensajes alentadores en el pizarrón para que los vieran. Podemos mostrar los buenos trabajos de la escuela de nuestros hijos a otros y decirles qué tan orgullosos estamos de ellos. Podemos pegarlos en el espejo, el refrigerador o la pared.

Permitamos que nuestras hijas nos embellezcan (cepillen el cabello, pinten las uñas). Nuestra confianza en ellos nos ayuda a que confíen más en nosotros.

Si un hijo(a) no quiere compartir, ofrezcámosle algo nuestro. Ofrezcámosles cosas en un tono de voz dulce (Recordemos: cero enojo o resentimiento al niño(a) que no quiera compartir). Si actuamos con buena intención pero sonamos enojados, nuestros hijos recordarán nuestro enojo y se olvidarán del buen acto.

Debemos ser atraídos a la amabilidad a través de nuestra voz, palabras y acción. Es importante para los padres evaluarse constantemente y cambiar sus malos hábitos. Aclaremos nuestra mente. Debemos eliminar las profanidades (incluyendo el usar el nombre de Dios en vano). Intentemos susurrar, en vez de gritar.

Dejemos que nuestros hijos nos ayuden a elegir la ropa que se pondrán. Digámosles que si se ponen algo abrigador, se mantendrán calientes. Que si se ponen algo ligero, se mantendrán frescos durante un día caluroso. Si nuestro hijo(a) decide algo distinto, entonces podemos decir, "Okey, si te da mucho calor, entonces puedes subirte las mangas", o algo por el estilo. Ayudémosles a encontrar la respuesta. Ultimadamente, esto les ayudará a confiar en nuestro juicio debido a que les permitimos tomar decisiones.

El querer obedecer a Dios me permitió cambiar la manera en que lidiaba con las personas y situaciones. La palabra de Dios me enseñó que las personas no son malas, sólo se equivocan. Esta noción me ayudó a amar más a los demás. Si seguimos intentando hacer lo correcto, eventualmente, todo lo positivo y el buen comportamiento se expandirán. Digamos, "Te quiero", especialmente cuando ha habido problemas. Digamos, "Te quiero", seguido. Digamos, "Te quiero", a nuestro esposo(a). Digámosles eso a nuestros hijos.

Podemos demostrar el buen comportamiento en todos los aspectos de nuestra vida. Los esposos deberían ayudar felizmente a sus esposas en todas las tareas. También es importante que los esposos vean que se necesita trabajar en la casa en vez de esperar a que las esposas les pidan ayuda. Cuando los esposos ayudan a sus esposas felizmente, ellos demuestran su amor por ellas. La esposa no debería ser la esclava de la familia. Los esposos y las esposas deberían mostrar apoyo incondicional y amoroso con ellos mismos y la familia. *Ellos son un equipo.* La disponibilidad tuya y de tu esposo(a) para ayudarse la notarán e imitarán tus hijos. *Aspiremos a ser amables y a llevarnos bien con nuestros esposos en todo momento: evitemos el enojo y la frustración, demos críticas constructivas, digámosles a nuestros hijos lo bien que nuestro esposo(a) hace las cosas y hagámosle saber a nuestro esposo(a) que estamos dispuestos a intentar sus ideas.* ¡Esto es extremadamente importante!

Felicidad en el hogar

Durante mucho tiempo, nuestros niños rara vez se reían o sonreían. Pequeños errores hacían que ellos se pusieran nerviosos o se sintieran poco amados. Al observar esto, le pedí a mi esposo ser más alegre y calmado cuando las cosas salieran mal. También le pedí reírse cuando los niños intentaran contar un chiste y empezar a ser más feliz. Él se resistió un poco al principio, pero intentó hacer lo que yo le había pedido y nuestro hogar se convirtió en un lugar más relajado. Todos los niños se sintieron más felices. También le pedí a mi esposo intentar no frustrarse con las boletas de calificaciones que fueran menos de diez, y que mejor felicitara a los niños por su esfuerzo y dedicación. Mi esposo empezó a bromear más con los niños, haciéndolos aún más felices. Como resultado de los cambios de mi esposo, todos los niños comenzaron a demostrar más alegría y amor con ellos y sus amigos.

Revaluemos nuestras prioridades y escuchemos nuestro corazón

Debemos estar listos para seguir a Cristo y hacer Su voluntad. Cuando haya algún problema, preguntémosle a Dios lo que debemos hacer y escuchemos Su respuesta. Dios nos responderá con el primer buen pensamiento que tengamos.

¿En verdad son tan malos los problemas? ¿Necesitamos enojarnos cuando las cosas no salgan exactamente como lo planeamos?

Enseñémosles a nuestros hijos cómo lidiar con los problemas en una manera positiva. Escuchemos a nuestro corazón y sigamos esa idea. Cuando usamos una idea que surgió de nuestro corazón y funciona, recordemos agradecer a Dios y mencionar a nuestros hijos cómo Él nos está ayudando.

Recordemos: Sigamos el primer buen pensamiento que nos viene al corazón.[20, 21]

Es importante el buscar activamente las oportunidades para practicar la bondad y amabilidad durante el día y discutir estas oportunidades con nuestros hijos. Hagámosles saber que estamos intentando ser buenos y amables, como Cristo. Entonces ellos también intentarán ser como Cristo.

Amar a Dios

Las cosas que ha hecho Dios son abrazando. ¿Recuerdas a Abraham y Sarah en Génesis 12 y cómo dejaron todo para hacer la voluntad de Dios? Ellos buscaron una ciudad construida por Dios en el desierto. ¿Suena posible, no? Ellos no sabían a donde iban, pero partieron sin cuestionarse porque tenían fe en los planes de Dios[22].

Volver a nacer significa tener una nueva vida en Dios haciendo Su voluntad. Tú puedes hacer la voluntad de Dios escuchándolo en tu corazón y aplicando Sus maneras a tus acciones, actitud, pensamientos y habla. Seguir la voluntad de Dios muchas veces significa actuar espontáneamente y tener pensamientos amorosos que normalmente no tendría uno.

---

[20] Gálatas 4: 6–7 "Y porque ustedes son hijos, Dios ha enviado el Espíritu de Su Hijo a nuestros corazones, clamando: "¡Abba! ¡Padre!" 7 Por tanto, ya no eres siervo, sino hijo; y si hijo, también heredero por medio de Dios".

[21] Proverbios 3:5–6 "Confía en el Señor con todo tu corazón, y no te apoyes en tu propio entendimiento. Reconócelo en todos tus caminos, y Él enderezará tus sendas."

[22] Colosenses 1:9 "Por esta razón, también nosotros, desde el día que lo supimos (lo oímos), no hemos cesado de orar por ustedes, pidiendo que sean llenos del conocimiento[a] de Su voluntad en toda sabiduría y comprensión espiritual".

Si alguien comete un error, un comentario útil podría ser, 'Todos cometemos errores". Un adulto también puede demostrar perdón diciendo esto cuando otro conductor comete un error. Podemos expandir el perdón y practicarlo todo el tiempo. *Seamos testigos de la bondad de Dios hasta en el último rincón de la tierra.*

Hagamos más de lo que los demás esperan de nosotros para mostrarle a Dios cuánto lo amamos. Seamos generosos con Dios. Dejemos todo en Sus manos[23].

Todos debemos darnos cuenta de que Dios es el conductor y nosotros los pasajeros en el auto de la vida. No intentemos ser muy controladores. Aceptemos las curvas de la vida y las dificultades con humildad y paciencia. Tengamos por seguro que todo pasa por algo y que Dios siempre piensa en lo mejor para nosotros.

La paz familiar se logra al seguir los caminos de Dios

Recordemos: Dios ama a las personas alegres. Nunca cuestionemos los caminos de Dios cuando las cosas parezcan ir mal. Siempre confiemos en Él.

El Dios verdadero promete salvarnos si nosotros nos alejamos de todas las cosas malas. Su promesa REQUIERE que encontremos las áreas en las que nos hemos alejado de Dios y de Sus caminos. Si hemos culpado a otros, entonces debemos acercarnos a la bondad, la paciencia, la aceptación, el amor y el perdón en pensamiento y ACCIÓN. Ese es quien Dios es. Nosotros DEBEMOS ser verdaderos y honestos. DEBEMOS hacer nuestro mejor esfuerzo por dejar nuestras penas atrás.

Cambiemos al mundo amando a Dios y a nuestro prójimo

Cada vez que interactuamos con una persona, debemos usar palabras que transmiten amor. Dios es amor. Hagamos todo con una actitud que se asemeje a la de Dios.

---

[23] Santiago 1:27 "La religión pura y sin mancha delante de nuestro Dios y Padre es ésta: visitar a los huérfanos y a las viudas en sus aflicciones[a], y guardarse sin mancha del mundo.

¿Hay alguien que en verdad crea en que puede cambiar al mundo? Si sí, entonces esa persona debe enfocarse en cambiarse a si misma. ¿Quién piensa que la traición, el enojo o las posesiones materiales ayudarán a arreglar el mundo? Debemos comenzar por cambiar quienes somos. Pidámosle a Dios que nos muestre nuestras fallas. Hace muchos años, solía pensar que no había tantas cosas en las que debiera cambiar porque seguía todas las reglas y leyes. Hoy en día, sigo encontrando y trabajando en arreglar mis fallas. Tratar de inhibir el mal comportamiento no funciona tan bien como el seguir a tu corazón. Cuando sigues a tu corazón, tu mente se vuelve hacia Dios y es más fácil ser "bueno(a)" ya que en vez de pensar en lo que no puedes hacer, te pones a pensar en lo que deberías hacer. Así, todo a tu alrededor comenzará a adquirir mayor sentido.

La felicidad se encuentra cuando nos damos cuenta de que a Dios lo hace feliz ayudar incluso cuando aún tenemos muchos predicamentos con que lidiar. Debemos seguir intentando y rezar para que Dios siga ayudándonos; Él lo hará si nosotros estamos dispuestos a cambiar.

Si se tiene un dios falso, ¿podrá uno irse al cielo? ¿Tiene uno que amar a Dios y a los demás para ir al cielo? Jesús dio dos nuevos mandamientos: amar a Dios y al prójimo. Él dijo, "Si sigues estos mandamientos, los otros mandamientos vendrán por sí solos".

No dejes que nada te esclavice. Dedica el domingo a Dios. Si seguido haces o piensas en algo, intenta quitarlo de tu mente el domingo. Relájate, ama y ora.

Hay aquí un excelente pasaje bíblico que ayuda a explicar las reglas para una nueva vida. Nótate quien es adorador de ídolos en la última oración del pasaje.

> Efesios 4:25–5:5 Por tanto, dejando a un lado la falsedad, hablen verdad cada cual con su prójimo, porque somos miembros los unos de los otros. Enójense, pero no pequen; no se ponga el sol sobre su enojo, ni den oportunidad (lugar) al diablo. El que roba, no robe más, sino más bien que trabaje, haciendo con sus manos lo que es bueno, a fin de que tenga

que compartir con el que tiene necesidad. No salga de la boca de ustedes ninguna palabra mala (corrompida), sino sólo la que sea buena para edificación, según la necesidad del momento, para que imparta gracia a los que escuchan. Y no entristezcan al Espíritu Santo de Dios, por el cual fueron sellados para el día de la redención. Sea quitada de ustedes toda amargura, enojo, ira, gritos, insultos, así como toda malicia. Sean más bien amables unos con otros, misericordiosos, perdonándose unos a otros, así como también Dios los perdonó en Cristo. Sean, pues, imitadores de Dios como hijos amados; y anden en amor, así como también Cristo les amó y se dio a sí mismo por nosotros, ofrenda y sacrificio a Dios, como fragante aroma. Pero que la inmoralidad, y toda impureza o avaricia, ni siquiera se mencionen entre ustedes, como corresponde a los santos. Tampoco haya obscenidades, ni necedades, ni groserías, que no son apropiadas, sino más bien acciones de gracias. Porque con certeza ustedes saben esto: que ningún inmoral, impuro, o avaro, que es idólatra, tiene herencia en el reino de Cristo y de Dios.

¿Quién es tu Dios?

Volvamos al principio: ¿Quién es Dios? ¿A cargo de qué está? ¿Dónde está? ¿Le importamos? ¿Qué es lo que él sabe? ¿Nos ama? ¿Perdona? ¿Acaso es muy duro cuando fallamos? ¿Acaso nos acepta nuevamente y nos permite volver a intentarlo? ¿Acaso está ahí para nosotros? ¿Es honesto? ¿Es fiel? ¿Justo? ¿Le importan todos o sólo los que están cerca y hablan con Él? ¿Busca ayudar a los que están lastimados, los inocentes, desafortunados, pobres, enfermos, moribundos y todos los que están solos? Debido a que la gente es como su dios, uno puede revaluar su vida de acuerdo a cómo es la de Dios. Esto te llevará a ver si tienes a algún dios falso en tu vida. Una vez que encuentres a tus dioses falsos, haz todo por erradicarlos de tu vida. Los dioses falsos nos hacen caer bajo. Recuerda, Dios tiene el poder y debes tener fe y voluntad. Si tiendes a enojarte cuando alguien cambia tus planes o algo se interpone, debes de también dejarlo ir. Confiesa todo al Dios verdadero. Arrepiéntete y pídele ayuda para ver si aún tienes dioses falsos.

Sigue Intentándolo

Si tus problemas parecen no irse, debes tener fe y seguir intentándolo. Tal vez te desanimes, pero no hay que regresar a los viejos hábitos. Para tener coraje y esperanza, hay que intentarlo de nuevo. Así, lograrás tener éxito más y más seguido. Eventualmente las cosas te saldrán bien y las acciones positivas se convertirán en algo normal para ti. Lleva la cuenta de tus éxitos en tu mente o en papel. Piensa en tus éxitos pasados en vez de desanimarte por no estar donde quieres estar. Cree en que deseas la felicidad que sólo se encuentra en hacer la voluntad de Dios.

Si experimentas problemas al tratar de cambiar un comportamiento o actitud en particular, imagínate ser otra persona (como actuar), a la cual has visto exhibir el comportamiento o actitud deseada. Esto me ha ayudado con cambios difíciles.

10

EVALUACIÓN

Nos evalué a mí y a mi familia usando las creencias listadas aquí:

Reconocimiento

- Para poder cambiar, hay que admitir que sabemos muy poco.[24, 25]
- Justo como los padres se encargan de sus hijos, creemos en que Dios se encargará de nosotros. Él tiene las mejores intenciones para tí.
- Tengamos esperanza y olvidemos nuestros miedos. (La esperanza abre caminos. El miedo los bloquea)
- Creamos únicamente en el Dios verdadero de amor
- Sepamos quien es Dios. Él está lleno de amor, amabilidad y es lento para enojarse.
- Reconozcamos todo lo que Dios ha hecho a través de la historia, comenzando por la creación del mundo.

---

[24] Juan 17:22–23 "La gloria que Me diste les he dado, para que sean uno, así como Nosotros somos uno: 23 Yo en ellos, y Tú en Mí, para que sean perfeccionados en unidad, para que el mundo sepa que Tú Me enviaste, y que los amaste tal como Me has amado a Mí".

[25] Santiago 1:5 "Y si a alguno de ustedes le falta sabiduría, que se la pida a Dios, quien da a todos abundantemente y sin reproche, y le será dada".

- Sepamos lo que Dios espera de su pueblo, justo como los niños necesitan saber lo que sus padres esperan de ellos. Estas son las cosas que nos ayudarán a formar el carácter. Obedezcamos las leyes de Dios, amémosle y velemos por nuestro prójimo. Ya que Dios es el autor del amor, hagamos lo que él haría.
- Seamos pacíficos. Dios no espera emociones fuertes de nosotros siempre.
- Evaluemos cuáles son nuestros dioses falsos. ¿En qué pensamos seguido? (El Dios verdadero debería estar en nuestra mente y nuestro corazón siempre). Saquemos todo lo innecesario de nuestra mente. ¿Estamos haciendo lo que Dios quiere que hagamos?
- Monitoreemos nuestras reacciones y acciones-¿Estamos haciendo las cosas de una manera amorosa?
- Limpiemos nuestra boca. La profanidad no debería existir en nuestro hogar. Dejemos el nombre de Dios para hablar de Él o con Él solamente. Descartemos las palabras duras o profanas de nuestro vocabulario. No digamos, "¡Dios mío!" o "¡Oh, mi Dios!" Estos son usos inapropiados del nombre de Dios. Existen bendiciones y maldiciones por el uso del nombre del Señor[26]. Éxodo 20:7 nos dice, "No tomarás el nombre del Señor tu Dios en vano, porque el Señor no tendrá por inocente al que tome Su nombre en vano"
- Intentemos mantener la calma y ser más silenciosos en vez de verbalizar ruidosamente.
- ¿Nos llevamos bien con todos, especialmente nuestro(a) esposo(a)? ¿Criticamos o mencionamos cosas negativas sobre nuestro esposo(a) o alguien más? No menospreciemos a nuestro(a) esposo(a) describiéndolo(a) como un niño(a). ¿Bromeamos con nuestro(a) esposo(a) o nuestros hijos de una manera maliciosa? Nuestros hijos, de alguna manera, imitarán

---

[26] Juan 15:16 "Ustedes no me escogieron a Mí, sino que Yo los escogí a ustedes, y los designé para que vayan y den fruto, y que su fruto permanezca; para que todo lo que pidan al Padre en Mi nombre se lo conceda.

estos comportamientos. Podemos amar a nuestros hijos y cambiar su futuro y el de nuestros nietos.

- Aceptemos y respetemos los gustos de los demás. No tenemos que convencer a los demás de pensar igual a nosotros (en colores, gustos, preferencias, etc.).

- Reconozcamos que no sabemos todo correctamente. Pidamos perdón a Dios.[27] Dios nos pide que nos arrepintamos por no saber cómo adorarle.[28]

- Reconozcamos nuestras fallas y errores y pidamos a Dios que nos perdona. Después de haber confesado nuestros errores, enfoquémonos en lo que haremos después. Nadie es perfecto. La forma en que aprendemos a ser padres tal vez no sea la mejor. Pero la forma en que respondemos puede cambiar. Intentemos copiar la forma en que Dios nos ama. Deseemos aprender cómo ser mejores padres. Estemos dispuestos a experimentar e intentar nuevas técnicas para educar a nuestros hijos. Deseemos hacer lo correcto por Dios, caminando por sus caminos. Él es nuestra meta y debemos tenerlo en mente constantemente.

- Recordemos que todos somos hermanos. El mandamiento más importante que Dios nos dio, después de amarlo, es amar al prójimo como a nosotros mismos.

- Disculpémonos y superemos las heridas del pasado.

- Romanos 12:2. Y no se adapten (no se conformen) a este mundo, sino transfórmense mediante la renovación de su mente, para que verifiquen cuál es la voluntad de Dios: lo que es bueno y aceptable (agradable) y perfecto.

---

[27] Hechos 17:29 "Siendo, pues, linaje de Dios, no debemos pensar que la Naturaleza Divina sea semejante a oro, plata o piedra, esculpidos por el[a] arte y el pensamiento humano. Por tanto, habiendo pasado por alto los tiempos de ignorancia, Dios declara ahora a todos los hombres, en todas partes, que se arrepientan".

[28] 1 Juan 2:15–17 "No amen al mundo ni las cosas que están en el mundo. Si alguien ama al mundo, el amor del Padre no está en él. 16 Porque todo lo que hay en el mundo, la pasión de la carne, la pasión de los ojos, y la arrogancia de la vida (las riquezas), no proviene del Padre, sino del mundo. 17 El mundo pasa, y también sus pasiones, pero el que hace la voluntad de Dios permanece para siempre".

- Seamos agradecidos. Si somos malagradecidos, nuestros hijos lo serán también.

Creer

- Creamos totalmente en la palabra de Dios[29, 30, 31] Recordemos que los hijos son un regalo que Dios nos da.
- Creamos en el mandamiento que Jesús nos dio para amar.[32, 33, 34, 35, 36]

- Creamos en que le importamos a Dios y que nos ama
- Creamos en que Dios nos ayudará si se lo pedimos y lo buscamos.

---

[29] 1 Juan 1: 8–9 "Si decimos que no tenemos pecado, nos engañamos a nosotros mismos y la verdad no está en nosotros. 9 Si confesamos nuestros pecados, Él es fiel y justo para perdonarnos los pecados y para limpiarnos de toda maldad (iniquidad)".

[30] Juan 8:31–32 "Entonces Jesús decía a los Judíos que habían creído en Él: "Si ustedes permanecen en Mi palabra, verdaderamente son Mis discípulos; 32 y conocerán la verdad, y la verdad los hará libres."

[31] Juan 11:25–26 "Jesús le contestó: "Yo soy la resurrección y la vida; el que cree en Mí, aunque muera, vivirá, 26 y todo el que vive y cree en Mí, no morirá jamás. ¿Crees esto?"

[32] Filipenses 2:3–4 "No hagan nada por egoísmo (rivalidad) o por vanagloria, sino que con actitud humilde cada uno de ustedes considere al otro como más importante que a sí mismo, 4 no buscando cada uno sus propios intereses, sino más bien los intereses de los demás".

[33] Romanos 12:9, 19–21 "El amor sea sin hipocresía; aborreciendo lo malo, aplicándose a lo bueno. Amados, nunca tomen venganza ustedes mismos, sino den lugar a la ira de Dios, porque escrito está: "Mía es la venganza, Yo pagaré," dice el Señor. "Pero si tu enemigo tiene hambre, dale de comer; y si tiene sed, dale de beber, porque haciendo esto, carbones encendidos amontonarás sobre su cabeza." No seas vencido por el mal, sino vence el mal con el bien ".

[34] Juan 15:12–13 "Este es Mi mandamiento: que se amen los unos a los otros, así como Yo los he amado. Nadie tiene un amor mayor que éste: que uno dé su vida por sus amigos"

[35] Romanos 15:1–2, 4 "Así que, nosotros los que somos fuertes, debemos sobrellevar las flaquezas de los débiles y no agradarnos a nosotros mismos. Cada uno de nosotros agrade a su prójimo en lo que es bueno para su edificación".

[36] Juan 13:34–35 "Un mandamiento nuevo les doy: 'que se amen los unos a los otros;' que como Yo los he amado, así también se amen los unos a los otros. 35 En esto conocerán todos que son Mis discípulos, si se tienen amor los unos a los otros."

Tomar acción

- Consideremos ayunar o hacer penitencia.[37, 38, 39, 40]
- Recemos juntos. Pidamos por las esperanzas de nuestro corazón. Pidamos continuamente por la ayuda de Dios para encontrar soluciones y mejorar. Recemos por esto todos los días. Pidámosle a Dios que nos haga más pacíficos y amorosos. Cuando actuamos con paz y amor, nos es más fácil calmarnos.
- Pidámosle a Dios que nos haga más como Jesús. Aceptemos el hecho de que necesitamos cambiar.
- Examinemos nuestra conciencia. ¿Somos capaces de actuar amable y tranquilamente sin vernos o actuar enojados? Permitámosle a nuestra voz sonar en paz. Elijamos palabras y acciones que tienen connotaciones amables y pacíficas. ¡Si existe esa opción! Si no sabemos cómo "actuar pacíficamente", observemos a otras personas que nos parezcan pacíficas e imitémoslas. Del amor viene la paz; de la paz viene la felicidad. Todos somos capaces de encontrar la felicidad. En cierto momento, Dios me dijo que la felicidad se acercaba. Decidí que debía seguir creyendo que la felicidad se acercaba ya que las palabras no provenían de mí.
- Mientras seguimos transformando nuestros viejos hábitos hacia otros más positivos, necesitamos mantenernos en silencio y pensar bien las cosas antes de hablar.
- Es importante hablar con amor y amabilidad tanto a nuestros hijos mayores como a los menores. Si los padres hablan con amor a sus hijos pequeños, también deberían hacerlo con sus

---

[37] Joel 1:14 "Promulguen ayuno, convoquen asamblea; congreguen a los ancianos y a todos los habitantes de la tierra en la casa del Señor su Dios, y clamen al Señor.

[38] Proverbios 15:33 "El temor del Señor es instrucción de sabiduría, y antes de la gloria está la humildad."

[39] Jueces 20 El Señor no desea holocaustos y paz sino un corazón arrepentido y humilde.

[40] Salmo 34:17–18 "Claman los justos, y el Señor los oye y los libra de todas sus angustias. Cercano está el Señor a los quebrantados de corazón, y salva a los abatidos de espíritu".

hijos adolescentes, incluso cuando los están corrigiendo. Mantengámonos firmes en nuestra fe en el amor. Pensemos en que el amor que nuestro hijo(a) experimenta eventualmente nos será devuelto por él/ella.[41, 42, 43]

- Dispongamos de todas las nociones previamente concebidas sobre nuestros hijos y otros. Esperemos siempre lo mejor. No nos aferremos a los problemas del pasado. Olvidemos y perdonemos. Meditemos sobre cuánto nos ama Dios. Disfrutemos del mundo que Dios ha creado para nosotros (por ejemplo, admiremos el amor Dios viendo los árboles y las montañas a nuestro alrededor). Pensemos y creamos. Justo como la naturaleza siempre está a nuestro alrededor, Dios nos muestra que Él está siempre con nosotros y que no deberíamos preocuparnos.

- Los niños reflejan lo que viven en su entorno (padres, maestros, la televisión, películas, libros, música, etc.). Siempre pensemos en esto. Quitemos todo lo que sentimos que no sea de Dios (acciones violentas, desobediencia, actitudes groseras, profanidades, demasiado ruido, etc.). Comencemos con limpiar un cuarto y continuemos con toda la casa.

- Guiemos con el ejemplo. Nuestros hijos son un reflejo de nosotros (ya sea bueno o malo). Si esperamos que nuestros hijos sean calmados, entonces debemos ser calmados, incluso cuando las cosas salen mal. Si esperamos que nuestros hijos sean capaces de amar, entonces debemos actuar amorosamente.
  - Una palmada suave
  - Una palabra amable

---

[41] Santiago 3:17 "Pero la sabiduría de lo alto es primeramente pura, después pacífica, amable, condescendiente (tolerante), llena de misericordia y de buenos frutos, sin vacilación, sin hipocresía."

[42] Hebreos 12:15 "Cuídense de que nadie deje de alcanzar la gracia de Dios; de que ninguna raíz de amargura, brotando, cause dificultades y por ella muchos sean contaminados."

[43] Efesios 4:32 "Sean más bien amables unos con otros, misericordiosos, perdonándose unos a otros, así como también Dios los perdonó en Cristo."

- - Una sonrisa
  - Palabras tales como "me importas" y "te amo"
- Si tenemos muchas cosas que hacer, hagamos lo posible y no nos preocupemos demasiado. Las cosas se harán cuando se tengan que hacer.
- Seamos agradecidos y expresemos nuestra gratitud siempre-con Dios y para con otros.
- Tratemos a nuestros hijos con absoluta aceptación, incluso si fallan.
- Mencionemos lo que nos gusta de las acciones, reacciones y esfuerzos de nuestros hijos. Siempre usemos un lenguaje positivo. Hagámoslo diariamente. Recordémonos seguir manteniéndonos positivos y buscar lo bueno en todas las cosas y las personas. Mantengamos esto en nuestra mente; debe convertirse en algo natural para nosotros el ser y actuar de esta manera. Los esposos deberían chequear y recordarse el uno al otro (de nuevo, con amor) cómo y sobre qué hablar.[44]
- Cuando algo nos moleste sobre nuestros hijos u otros, enfoquémonos incluso en las cosas buenas más pequeñas-en nuestros hijos, la gente a nuestro alrededor o el trabajo. Si nos es difícil ver felicidad o bondad alguna en el mundo en que vivimos, enfoquémonos en encontrarlas incluso en las cosas más "insignificantes". Debemos erradicar las perspectivas negativas a toda costa.
- Seamos esperanzados y expresémoslo.
- Digamos a nuestros hijos, "Me gusta tu apariencia: tus suaves manos, tu hermoso cabello, tu nariz, tu voz."
- Pidamos perdón a nuestros hijos cuando cometamos algún error. Esto les ayudará a darse cuenta de que los padres

---

[44] Proverbios 3:3–4 "La misericordia y la verdad nunca se aparten de tí; átalas a tu cuello, escríbelas en la tabla de tu corazón. Así hallarás favor y buena estimación ante los ojos de Dios y de los hombres."

también son humanos, capaces de equivocarse y necesitan perdón. Esto también les enseñará a perdonar.

- Esforcémonos por hacer las cosas más fáciles y eficientes. Seamos organizados. *Quedémonos únicamente con las pertenencias que necesitamos.* Vayamos seguido a St. Vincent de Paul o cualquier otro centro de donación.
- Enfoquémonos en lo lógico. Si algo se cae, levantémoslo. Si tiramos alguna bebida, sólo limpiémosla.
- Si cualquier necesidad surge, paremos de hacer lo que estamos haciendo y hagamos todo lo posible a los demás. Tengamos como prioridad las necesidades de los demás por encima de las nuestras. Detengámonos a oler las flores con nuestros hijos. La vida es demasiado corta como para perdernos de las maravillas que nuestros hijos aprenden y viven cada día. Compartamos la vida con ellos con placer y asombro. Estas son las experiencias, que nuestros hijos y nosotros recordaremos para siempre.
- Ofrezcamos ayuda cuando nos sea posible. De nuevo, nuestros hijos verán esto y querrán imitarlo eventualmente.
- Enfoquémonos en lo que queremos que ocurra en cualquier situación. Si queremos que un bebé deje de llorar, deberíamos entonces pensar en cómo podemos hacerlo(a) feliz. Preguntémonos a nosotros mismos, "¿Cómo lo lograré?" Así tendremos una idea en nuestro corazón sobre lo que es bueno y después podremos hacerlo. Debemos y queremos creer en la esperanza, no en el miedo.
- Tomemos la decisión de tratar a todas las personas siempre con amor:
  - Extraños
  - Mientras manejamos
  - En la tienda
  - Al teléfono
  - En el trabajo
  - Nuestro esposo(a)
  - Nuestros hijos

Esperar

- Pidamos a Dios nuevas formas de ser amables y generosos. Cuando las obtengamos, practiquémoslas. Esto es un regalo, no un pago por beneficios a futuro. Hagámoslo por amor. Hagámoslo incluso si arriesgamos perderlo todo. Está bien darlo todo considerando que todo lo material nos fue dado por Dios. Si está escrito, entonces estas cosas regresarán eventualmente a tí. Hablemos en el nombre de Dios y escuchemos lo que Él dice ya que Su palabra está cerca, en nuestra boca y en nuestro corazón.[45, 46]

- Un día me puse a pensar en la idea de que el tener fe en Dios y esperar en todo lo que Él nos diga que hacer eventualmente solucionarían el problema con el que mi familia había estado lidiando. También ese día mi hija me dio una cuerda negra que quería que le ayudara a desenredar. Me senté en el cuarto familiar. Las persianas estaban cerradas y las luces apagadas en el cuarto. Un poco de luz entraba al cuarto familiar a través de las persianas y también del cuarto de al lado. Podía ver la cuerda en mi mano pero no distinguir un nudo del otro debido a la oscuridad. Estando ahí sentada pensé, "sólo tira de aquí". Pellizqué un poco el nudo más grande y luego lo jalé. El nudo comenzó a deshacerse. Jalé más y pude ver con satisfacción cómo el nudo se desenredaba. Unos cuantos jalones más y el nudo había desaparecido. Estaba impresionada. Pensé, *así es exactamente como podemos salir de una situación difícil.* Debemos creer que habrá una salida y que tenemos que escuchar y hacer lo que nos dicen.

- Esperemos en que las cosas saldrán bien. Si no sabemos cómo lograr un comportamiento deseado, aceptemos que tal vez

---

[45] Jeremías 29:11 "Porque Yo sé los planes que tengo para ustedes," declara el Señor "planes de bienestar y no de calamidad, para darles un futuro y una esperanza."

[46] Proverbios 4:20–22 "Hijo mío, presta atención a mis palabras; Inclina tu oído a mis razones. Que no se aparten de tus ojos; guárdalas en medio de tu corazón. Porque son vida para los que las hallan, y salud para todo su cuerpo."

ese no es el momento indicado para lograrlo. No insistamos demasiado en obtenerlo. Esperemos. Si esperamos, entonces ocurrirá en el momento indicado.

Escucha tu corazón

Escucha el primer pensamiento que venga a tí incluso si aún no tienes una solución. Debemos esperar y escuchar las respuestas desde nuestro corazón. Puede que la solución sea muy diferente a la que esperábamos pero necesitamos escuchar nuestro corazón. Asegurémonos de mantenernos firmes en nuestros pensamientos. Dios nos mostrará el camino. No es como que necesitamos seguir rezando por lo que necesitamos solucionar, sino que necesitamos rezar y creer que si se lo pedimos, y es Su voluntad, Dios nos guiará hasta la solución de nuestro problema. Sigamos y hagamos lo que Dios nos pide hacer en este momento. Pongamos el problema en Sus manos y hagamos lo que nuestro corazón nos dice. Esto es algo difícil de hacer debido a que nuestro corazón a veces puede sorprendernos con algo inesperado.[47, 48, 49, 50, 51, 52] Cuando me encontraba esperando algo, repentinamente me vendría una idea que era sorprendente e inesperada, como si yo no fuera suficientemente

---

[47] Romanos 10:6,8 "Pero la justicia que es de la fe, dice así: "No digas en tu corazón: '¿Quién subirá al cielo?' Esto es, para hacer bajar a Cristo. Pero, ¿qué dice? "Cerca de tí está la palabra, en tu boca y en tu corazón," es decir, la palabra de fe que predicamos".

[48] Romanos 12:1–2 "Por tanto, hermanos, les ruego por las misericordias de Dios que presenten sus cuerpos como sacrificio vivo y santo, aceptable (agradable) a Dios, que es el culto racional de ustedes. 2 Y no se adapten (no se conformen) a este mundo[a], sino transfórmense mediante la renovación de su mente, para que verifiquen cuál es la voluntad de Dios: lo que es bueno y aceptable (agradable) y perfecto."

[49] Gálatas 5:1 "Para libertad fue que Cristo nos hizo libres[a]. Por tanto, permanezcan firmes, y no se sometan otra vez al yugo de esclavitud".

[50] Lamentaciones 3:22–24 "Que las misericordias del Señor jamás terminan, pues nunca fallan Sus bondades; Son nuevas cada mañana; ¡Grande es Tu fidelidad! "El Señor es mi porción," dice mi alma, "por tanto en Él espero."

[51] Apocalipsis 7:17 "Pues el Cordero que está en medio del trono los pastoreará y los guiará a manantiales de aguas de vida, y Dios enjugará toda lágrima de sus ojos."

creativa o inteligente para pensar en algo como *eso*. La idea usualmente venía a mí cuando finalmente cedía y decía, "Okey, está bien, Dios, toma el control ya que no puedo pensar en ninguna solución". Esta nueva técnica era fácil. No me estresaba por los detalles. Usualmente los detalles se acomodaban por sí solos. Si, en alguna ocasión, las ideas no resultaban, simplemente dejaba que se fueran. Aceptar cada camino por el que Dios me mandara era muy importante para mantenerme desinteresada. Las palabras "ser desinteresada" suenan terrible. Estas palabras me sonaban como si nada bueno vendría a mí o yo sería capaz de hacer algo. Sin embargo diré que esto es incorrecto. Dios tiene muchas buenas experiencias en mente para todos.

Acepta la respuesta

- Mantengamos la calma al lidiar con problemas. Solucionemos el problema lógicamente y sin molestarnos. Recordemos que las cosas pasan por algo y que podemos tomar estas oportunidades para aprender de nosotros mismos y enseñar a los demás. Continuemos creyendo en las acciones y reacciones dulces. Enfoquémonos amorosamente en lo que podemos hacer para arreglar un problema y en cómo podemos ayudar.
- Cuando las cosas salgan bien, demos gracias a Dios. Cuando las cosas no salgan tan bien, creamos en que existe una buena razón y demos gracias a Dios.
- No tengamos ideas previamente concebidas en cuanto a cómo deben salir las cosas-aceptemos la manera en que las cosas se desarrollan, incluso si no ocurren exactamente como lo

---

[52] Romanos 10:9–14 "que si confiesas con tu boca a Jesús por Señor, y crees en tu corazón que Dios Lo resucitó de entre los muertos, serás salvo. 10 Porque con el corazón se cree para justicia, y con la boca se confiesa para salvación. Pues la escritura dice: "Todo el que cree en Él no será avergonzado." Porque no hay distinción entre Judío y Griego, pues el mismo Señor es Señor de todos, abundando en riquezas para todos los que le invocan; porque: "Todo aquel que invoque el nombre del Señor será salvo." ¿Cómo, pues, invocarán a Aquél en quien no han creído? ¿Y cómo creerán en Aquél de[a] quien no han oído? ¿Y cómo oirán sin haber quien les predique?

habíamos planeado. Las cosas pasan por algo; estemos abiertos a ellas.

Obedece

- Recordemos hacer nuestros deberes diariamente.
- Hagamos nuestros deberes y nuestro trabajo alegremente. Así, nuestros hijos lo harán también.
- Hagamos lo que normalmente no haríamos.

Continúa amando y animando

- Continuemos mostrando misericordia, amor y aliento positivo.
- Visualicémonos haciendo y diciendo cosas buenas para futuras oportunidades y en tiempos difíciles.
- Encontremos oportunidades para elogiar a nuestros hijos. Elogiémoslos cuando sean buenos cristianos y muestren bondad, amabilidad, paciencia y entendimiento. Los elogios promoverán estos comportamientos.
- Saquemos fotos de los niños cuando estén siendo buenos y amorosos para promover las actitudes positivas.
- Amemos las pequeñas y hermosas manos de nuestros hijos; contemos los dedos de sus pies; mirémosles a los ojos. Comentemos y encontremos algo que podamos amar acerca de su apariencia. Digámosles cuánto los amamos.
- Hablémosles del día en que nacieron y de lo bien que nos sentimos cuando vinieron a este mundo. No hablemos de cosas negativas. Es importante para los niños saber que son queridos y amados, y no una carga para sus padres.
- Digámosles "te amo", especialmente cuando las cosas salen mal. Digámosles esto alegremente. Practiquemos el amor incondicional.
- Pongamos las tareas de nuestros hijos en algún pizarrón o el refrigerador. Encontremos algo bueno en ellas, especialmente si queremos promover un cierto comportamiento o habilidad.

- Notemos a nuestros hijos diciendo algo amable y elogié-moslos.
- No hablemos a otros de las fallas (presentes y pasadas) de nuestros hijos. Hablar sobre ellas promoverá más de lo mismo. En lugar, hablemos de las cosas que están haciendo bien y de qué tan arduamente están trabajando para ser buenos en algo. Evitemos hablar sobre las cosas malas de las que sabemos. Hablemos de las cosas buenas que han o están pasando.
- Preguntémosles cosas a nuestros hijos con expectativas en mente. Por ejemplo, "¿Cómo te está yendo con la tarea?" "¿Quién quiere hacer _____?" ¿"Qué tanto haz terminado?" El punto es, en vez de hacerlos actuar de cierta manera, hay que hacerlos pensar en como lo están haciendo. Incluso cuando los niños deban estar haciendo su tarea, preguntémosles qué tanto han hecho, o si necesitan ayuda en vez de preguntarles, "¿Estás haciendo tu tarea?" Esto demuestra que esperamos cosas buenas de ellos.
- Busquemos lo bueno y los arcoíris (felicidad) se esparcirán.
- Para poder lograr enseñar un lenguaje educado, debemos dejar que los niños se vean realizados-no los padres. Creamos en que están dando su mejor esfuerzo y observemos como lo intentan, no los forcemos a hacer nada. Si somos menos controladores, nuestros hijos nos escucharán y obedecerán más y mejor porque saben que confiamos en ellos.
- Enseñémosles a comunicarse incluso antes de que hablen. Cuando quieran comida, digamos, "¿Puedo tomar una botella por favor?" Si hacen algún ruido, digámosles, "Bien, dijiste 'Puedo tomar _____'. Después digamos, "Sí, puedes tomar un/una _____". El punto es enseñarles cómo preguntar y responder educadamente a una edad temprana. Esto lo hará más fácil en un futuro.
- Sintámonos felices por ayudar. Sonríamos y respondamos, "¡Claro que lo haré!" Nuestros hijos reflejarán nuestra demostración de felicidad.

- Cuando los niños den algo a alguien, digámosles lo bien que eso los debe hacer sentir y qué tan feliz eso hace a la otra persona. Elogiémoslos por amar a los demás.
- Cuando creemos en el bien (el bien viene de amar a otros y hacer lo que estamos llamados a hacer) somos liberados de nuestras pasiones y deseos. El amor nos conquista a todos.

Gálatas 4:31: Así que, hermanos, no somos hijos de la sierva, sino de la libre

Este verso habla sobre Sara, quien sigue a Dios, no es una esclava sino una persona libre. Ella no está atada al mal porque Dios decide hacia donde guiarla y Él es su guía.

- Cuando un niño es lastimado por otro, intentemos abrazar a los dos, aceptando a los dos y hablándoles a los dos con amabilidad y entendimiento. Hablemos con amor y lógica, no emoción.
- Démosle gloria a Dios. Cuando las cosas vayan bien, digámosle a nuestros hijos lo mucho que Dios nos está ayudando. Cuando las cosas no vayan tan bien, seamos positivos y digamos, "Debe haber una buena razón".

Hemos decidido que cualquier cosa que promueva el bien puede quedarse en nuestra familia y todo lo demás, sin excepción, debe irse.

II

CONCLUSIÓN

En el camino de la vida, simplemente seguir los mandamientos no es suficiente. Tiempo después me di cuenta de que debía hacer más que sólo "saber" los mandamientos y no meterme en problemas. Más bien, me di cuenta de que necesitaba buscar maneras de realizar la voluntad de Dios activamente amando a otros con mis palabras, acciones e intenciones. Mi trabajo comenzó dentro de mi familia, pero ahora quiero esparcir el amor ayudando a otros cuando Dios me dé la oportunidad de saber de sus problemas. Ahora me doy cuenta de que todos son parte de mi familia.[53]

Las personas que reaccionan con amor son usualmente felices, pacíficas, seguras y pacientes porque creen en el amor. Experimentaba todos estos sentimientos cuando actuaba de esta manera. Nuestros hijos, aunque haya tomado un tiempo, lograron creer en estas nuevas maneras y las aplicaron en sus propias vidas. Continué enfocándome en arreglar los problemas con la esperanza de que mis hijos se convertirían en personas que buscaran y encontraran soluciones que Dios aceptaría.

---

[53] Gálatas 3:26–28 "Pues todos ustedes son hijos de Dios mediante la fe en Cristo Jesús. Porque todos los que fueron bautizados en Cristo, de Cristo se han revestido. No hay Judío ni Griego; no hay esclavo ni libre; no hay hombre ni mujer, porque todos son uno en Cristo Jesús."

Como padres debemos darnos cuenta de que nuestros miedos los trasferimos a nuestros hijos, por lo menos hasta cierto punto. Cuando actuamos estresados, nuestros hijos consecuentemente copiarán este comportamiento. Resultados comunes son reacciones extremadamente emocionales o nerviosas de parte del niño(a); puede que sea muy difícil lidiar con las dos. Si podemos identificar y eliminar un miedo, nuestros hijos serán menos nerviosos y emocionales. Los niños que son menos nerviosos y emocionales son más fáciles de controlar, lo cual resulta en más armonía para la familia.

La armonía proviene del amor, paz y esperanza (una ausencia de miedo). Los niños son capaces de copiar acciones, emociones y reacciones indiferentes. Decidámonos a buscar áreas en las que necesitamos cambiar nuestras acciones para ayudar a los demás.

Ver como nuestra amabilidad y amor alcanzan la vida de nuestros hijos es realmente la mejor y más valiosa parte de todo este proceso.[54, 55]

---

[54] 1 Pedro 1:8–9 "A quien sin haber visto, ustedes Lo aman, y a quien ahora no ven, pero creen en Él, y se regocijan grandemente con gozo inefable y lleno de Gloria, obteniendo, como resultado de su fe, la salvación de sus almas."

[55] 1 Pedro 5:6–7 "Humíllense, pues, bajo la poderosa mano de Dios, para que Él los exalte a su debido tiempo, echando toda su ansiedad sobre Él, porque Él tiene cuidado de ustedes."